MvS

Norbert Krüger

Die schönste Sache der Welt

Erotische Geschichten

Nacherzählt den Filmen der
von Regina Ziegler produzierten
internationalen TV-Reihe
Erotic Tales

Marion von Schröder

Die Deutsche Bibliothek – CIP-Einheitsaufnahme

Krüger, Norbert:
Die schönste Sache der Welt : erotische Geschichten ; nach der internationalen Filmreihe Erotic Tales von Regina Ziegler / Norbert Krüger. – Düsseldorf ; München : Marion von Schröder, 1997
ISBN 3-547-75726-6

Der Marion von Schröder Verlag
ist ein Unternehmen der ECON & List Verlagsgruppe

Gesetzt aus der Cochin und Orator, Linotype
Satz: Josefine Urban – KompetenzCenter, Düsseldorf
Papier: Papierfabrik Schleipen GmbH, Bad Dürkheim
Druck und Bindearbeiten: F. Pustet, Regensburg
Printed in Germany
ISBN 3–547–75726–6

Die schönste Sache der Welt

Die unersättliche Mrs. Kirsch

Dieser Sommer des Jahres 1987 wird mir ewig im Gedächtnis bleiben. Ich hatte mich in ein kleines, elegantes Landhotel zurückgezogen. Der rohe Klang der Städte sollte mich nicht länger quälen. Ich sehnte mich nach dem sanften Flügelschlag der Sommers, um in Ruhe an meinem neuen Gedichtband zu arbeiten. Der glühende Gürtel der Sonne sollte meine Sinne entzünden, der Atem der Einsamkeit meinen Geist beflügeln. Nur das blaue Lächeln des Himmels würde mich begleiten.

Alles war aufs beste angerichtet. Wäre da nicht diese Frau gewesen.

Mit einem Buch saß ich auf einem Felsen oberhalb der gischtenden Wogen des Meeres. Da entdeckte ich sie. Mit ihrer locker um die Schultern geschlungenen Stola und dem wehenden weißen Kleid stand sie am Rand der Felsen. Sie mag Anfang Dreißig gewesen sein. Ganz schien sie sich den wilden Liebkosungen des Windes hinzugeben und ihre Seele dem Rhythmus der tosenden Brandung zu überlassen.

Wie selten begegnete ich Menschen, die sich derart offen zu ihrer Sinnlichkeit bekannten. Gebannt beobachtete ich dieses blondzerzauste, sonnenbebrillte Geschöpf. Verworfen waren die Pläne, die mich hierher getrieben. Das Buch, welches zu lesen ich mir vorgenommen, lag unbeachtet im üppigen Grün zu meinen Füßen und geriet in Vergessenheit.

Noch war ich weit davon entfernt, ihr meine Faszination einzugestehen. Als sie ihren Weg fortsetzte und an jener Stelle vorbeikam, an der ich rastete, griff ich eilends nach meinem Buch und tat, als wäre ich in die einfühlsamen Gedichte eines poetischen Meisters vertieft. Sie nahm mich nicht einmal wahr. Wenig mehr schien ich für sie zu sein als ein reizloses Stück Landschaft, eine eintönige Felsformation am Wegesrand.

Kaum hatte sie mir den Rücken zugekehrt, sprang ich auf und folgte ihr in einiger Entfernung, begleitete sie so auf ihrem Spaziergang entlang der Küste, durch üppige Parks und blühende Gärten. Ein Hauch von Geheimnis umwehte sie.

Überall stieß ich in den folgenden Tagen auf ihre Gestalt, die sich wie ein Dorn in mein Bewußtsein bohrte. In ihrem Blick, der mir zumeist durch ihre dunklen Gläser verborgen blieb, lag die Tristesse und die Wehmut einer Frau, die die Unbill des Lebens am eigenen Leibe erfahren hatte. Doch stand ich vor ihr, blickte sie durch mich hindurch, als sei ich nur ein Schatten.

Wie ein plötzlicher Windstoß hatte sie eine Tür in meinem Inneren aufgerissen. Doch ich war hier, um zu schreiben. Die Poesie duldet keine Nebenbuhlerin. Was war das für ein Geschöpf? Eine käufliche Dienerin der Lust? Oder ein verliebtes Wesen in Erwartung eines Liebhabers? Es konnte als Herausforderung gemeint sein, wenn sie mich ständig übersah, sobald wir uns begegneten.

Die Art, wie sie beim Mittagessen selbstvergessen an ihrem vor Butter triefenden Maiskolben saugte, ließ auf einen hemmungslosen Charakter schließen. Aber es lag auch eine gewisse Unschuld darin. Zuweilen fing sie mit ihrer Zungenspitze einen Tropfen jener goldgelben Flüssigkeit und benetzte lächelnd ihre Lippen damit. Ein hintergründiges Lächeln der Zufriedenheit spielte um ihre Mundwinkel, als erinnere sie sich dabei jüngst vergangener Wonnen.

»Mrs. Kirsch, Mrs. Kirsch, Sie werden an der Rezeption verlangt«, hallte es aus dem Lautsprecher des Speisesaals. Sie war also verheiratet, vielleicht sogar verwitwet. Womöglich

schlug in ihrem Busen das Herz einer Mörderin. Sie hatte ihren Ehemann ermordet und hielt nun Ausschau nach einem neuen Opfer. Mrs. Kirsch also, sicher nicht ihr richtiger Name. Irgend etwas mußte an der Rezeption passiert sein, denn sie kam nicht zurück. Was ging da vor sich? Ich fragte mich, ob dieses Wesen nicht zum Zimmerservice gehörte ... Wenn das so weiterging, würde ich mich bald in den Niederungen der Kriminalliteratur bewegen.
Selbst beim Frühstück benahm sie sich wie eine Frau, die die Liebe lebt. Die Art, wie sie selbstvergessen lächelnd die Spitze eines Bratwürstchens mit Senf bestrich ... Ich fragte mich, ob sie es mit ihrer Zunge liebkosen oder beißen würde. Sie veranstaltete ein erotisches Happening. Aber für wen? Nur für sich selbst?
Die Antwort blieb Mrs. Kirsch mir schuldig. In dem Augenblick, als sie das Würstchen mit Salz bestreute, um es genüßlich zum Munde zu führen, unterbrach ein livrierter Ober ihr Tun, der ihr auf einem silbernen Tablett ein Kuvert überreichte.
»Der Brief, den Sie erwartet haben«, hörte ich ihn sagen.
Ungeduldig riß sie den Umschlag auf und zog einige Polaroids heraus, die sie mit einem verzückten Lächeln an ihre Brust drückte. Was war das? Ein *Billetdoux*? Bestimmt keine Fami-

lienfotos. Wahrscheinlich Bilder der Ausschweifung, mit einem Selbstauslöser aufgenommen. Ich mußte es herausfinden. Aber wie, ohne mich der Lächerlichkeit preiszugeben?
Eilig verließ sie den Frühstücksraum. Ich brauchte einen Vorwand. Einen Handschuh, ein Tuch, oder ... Nachdenklich blickte ich zu ihrem Tisch hinüber. Es sah so aus, als ob sie mir mit großer Liebenswürdigkeit einen Grund, sie aufzusuchen, zurückgelassen hätte. Ich erhob mich zögernd, näherte mich ihrem Platz und griff blitzschnell nach dem liegengebliebenen Kuvert. Benahm sich so ein Dichter?
Verwirrt über mein eigenes Handeln folgte ich ihr die Treppe hinauf in den ersten Stock. Eine große innere Unruhe schien sie anzustacheln. Wohin wollte sie? Was trieb sie zu dieser Eile?
In ihrer Aufregung ließ Mrs. Kirsch die Bilder fallen, die bunt verstreut wie schwarzes Konfetti auf den Teppichboden vor ihrer Tür fielen. Sie bückte sich, sammelte die Fotos ein, als habe sie große Angst, jemand Unbefugtes könne sie zu Gesicht bekommen und verschwand, sich irritiert zu mir umschauend, in ihr Zimmer.
Vorsichtig näherte ich mich der Tür. Ich warf einen letzten Blick auf den Umschlag, der keinen Hinweis auf seinen Absender preisgeben wollte. Gerade hob ich die Hand, um entschlossen an der Tür zu klopfen, da begann es in ihrem

Zimmer elektrisch zu summen. Es war ein Ton, der mich schockierte. Ich kannte ihn aus dem Gerätearsenal einer längst verflossenen Liebe. Also war mein Verdacht begründet. Diese Bilder mußten sehr anregend sein. Das klang nicht nach dem Gesang der Bienen in einem Lavendelfeld.

Wohl hatte sie sich, so stellte ich mir vor, in Windeseile ihre Kleider vom Leib gerissen, um sich jetzt, ja nur so konnte es sein, ihrem Vibrator hinzugeben. Obwohl ich mich ein wenig dafür schämte, stiegen Bilder wilder, ungezügelter Lust in meinem Inneren auf. Gerade jetzt würde sie auf dem schwarzen Samt ihres Bettes liegen, einen weißen, länglichen Vibrator in der einen, die Fotos in der anderen Hand, und der Stunden wilder Lust gedenken, in denen diese Bilder entstanden waren. Vielleicht, nein sicher, hatte sie ihre Augen geschlossen, gab sich erotischen Phantasien unendlicher Zügellosigkeit hin und umkoste dabei das Gerät mit ihren Lippen, als führe sie den Schaft ihres Liebsten an den Mund. Bald schon würde ihr Lippenstift die ganze Länge des vibrierenden Stabes bedecken und sie selbst sich immer mehr ins Verlangen nach dem ihr Fernen steigern.

Wahrscheinlich besaß sie nicht nur dieses eine Gerät. So, wie sie in der Öffentlichkeit selbstvergessen ihre Sinnlichkeit lebte, war sie eine

Frau, die die Abwechslung liebte. Ich nahm an, sie habe in ihrem Reisegepäck eine Auswahl diverser Geräte in verschiedenen Größen bei sich, von denen der eben benutzte nur das kleinste, zum Aufwärmen geeignete darstellte.
Sie gehörte nicht zu jenen Frauen, die ihre Geräte in schmuddeligen Boutiquen einzeln erwarben. Vielleicht hatte sie sich von einem speziellen Versandhaus ein von außen neutrales, mit blauem Samt ausgeschlagenes Köfferchen mit einem Sortiment verschiedener batteriebetriebener Stimulatoren liefern lassen, alle stufenlos regelbar, von der sanften Vibration bis zum orgiastischen Rütteln, vom elf Zentimeter langen, auch für den Anus geeigneten Apparat bis hin zum dreiundzwanzig Zentimeter langen und dementsprechend breiten Jumbo. Und natürlich handelte es sich bei diesen Apparaten nicht um jene naturgetreuen Penisnachbildungen aus fleischfarbenem Latex, die mit weichen Hodensäcken, knorrigen, geäderten Schäften oder gefühlsechten Eicheln aufzuwarten versuchten, sondern um weißglänzende, leicht konische, glatte Stäbe, vielleicht am Schaft geriffelt, nie aber als plumper, phantasieloser Ersatz für fehlende Partner gedacht.
Die Geräusche, die durch die Tür an mein Ohr drangen, waren zu laut, als daß das Summen aus ihrem Körperinnern hätte stammen können.

Eher war sie dabei, sich genüßlich ihre erogenen Zonen zu streicheln und zu massieren, vielleicht sanft mit der Spitze des Gerätes ihre Knie zu umkreisen, die unter der zarten Bewegung sich allmählich entspannten.
Vielleicht probierte sie seine Wirkung auch an ihrem ganzen Körper aus, um immer neue bisher unbeachtete sensible Regionen zu erkunden, führte es zwischen die kleinen, fleischigen Zehen, fuhr damit ihre erzitternden Waden entlang, ihre weißbestrumpften Schenkel hinauf, ließ es in immer flammenderem Begehren über Po und Bauch gleiten.
Sie würde weiße, spitzenbesetzte Unterwäsche tragen, ein vorn halbdurchsichtiges Mieder und weiche, elastische Strapse. Ich stellte mir vor, wie sie den vibrierenden Stab unter diesen verführerischen Strumpfhaltern durchzog, langsam, jeder kleinen Reaktion ihres erregten Körpers wollüstig nachspürend. Und während sie sich vor Verlangen auf dem glatten Samt ihres Bettes räkelte, würden ihre Brüste langsam immer weiter aus den Dessous hervorrutschen, ihre hellen Rosen würden über den weichen Spitzenbesatz des Stoffes gleiten und sich an ihm reiben, würden langsam immer weiter erblühen, sich aufrichten, und feine Pusteln würden ihre Höfe in eine lunare, sinnliche Hügelkette verwandeln.

Ohne Zweifel würde sie früher oder später beginnen, die Spitze des Vibrators in die Körbchen des Dessous zu schieben, um ihre Lust immer weiter bis ins Unerträgliche zu steigern. Mit fest geschlossenen Augen und begehrlich geöffnetem Mund dächte sie an die verspielte Zunge ihres fernen Liebhabers, der ihr an anderen, glücklicheren Tagen des Beisammenseins vergleichbares Ergötzen geschenkt hatte.
Wann würde die Lust ihre Hand wieder hinab zu ihren Schenkeln drängen, die zarte Haut zwischen ihren Beinen mit dem Gerät streicheln und ihre Aufmerksamkeit ganz auf diese Region lenken? Wie lange würde es dauern, bis sie der Versuchung nicht mehr widerstehen könnte, den bebenden Schaft dorthin zu schieben, wo die kleine runde Spitze erregt aus den sie umhüllenden Hautlippen herauslugte?
Für einen Moment setzte das Geräusch aus. Oder war es nur leiser geworden? Ich horchte mit angehaltenem Atem an der Tür. Nein, sie hatte sich noch nicht zu jenem letzten Schritt entschlossen. Das Geräusch war völlig verstummt, nicht nur gedämpft. Ich war nahe daran zu gehen, da ertönte es von neuem, fast würde ich sagen, lauter als zuvor. Sie mußte das Gerät gewechselt haben. War ihr der andere Apparat zu klein?
Dieser Ton! Das klang wahrlich mörderisch.

Und ich ergötzte mich daran! War alles, was ich bisher gehört hatte, nur ein Vorspiel, um sich zu öffnen für dieses monströse Gerät? Würde dieser Apparat gerade jetzt in diesem Augenblick zwischen ihre Schenkel tauchen und in ihrem Inneren Ströme der Wollust entfachen?
Ich stellte mir vor, wie sie sich in ungezügelter Lust auf ihrem Bett hin und her warf, sich leidenschaftlich die Haare zerraufte, während in ihr ihre Säfte zu brodeln begannen, in einer nicht enden wollenden Lust, hin zu einem ekstatischen Orgasmus, der Seufzer der Verzückung erzwingen, sie schütteln und in den sonnigen Himmel fleischlichen Glücks führen würde. Ich mußte lächeln.
Doch unvermittelt brach das Geräusch ab. Ungnädig wurde ich in die blutleere Welt der Realität zurückgeworfen. Allein, meiner Phantasien entledigt, stand ich auf dem Flur des Hotels und fühlte mich verloren wie selten zuvor in meinem an sich nicht armen Leben. Ich blickte den Gang entlang. Um nichts in der Welt wollte ich eine weitere Vorstellung dieser Art versäumen. Koste es, was es wolle, ich mußte das Nachbarzimmer beziehen. Kurz entschlossen schob ich den Briefumschlag, den ich noch immer in der Hand hielt, unter ihre Tür und begab mich zur Rezeption.
Ich war auf eine neue, mir unbekannte Welt

gestoßen. Ohne es zu wollen, hatte die Neugier meinen Verstand übermannt, Herz und Auge suchten ungestüm die Nähe zu dieser rätselhaften Frau. Bei der Rezeptionistin, deren weibliche, jugendliche Reize mich unter normalen Umständen durchaus zu einem Annäherungsversuch verleitet hätten, verlangte ich nach einem anderen Zimmer, Nummer 8, das nicht zufälligerweise direkt neben dem von Mrs. Kirsch lag. Offiziell gab ich an, mir fehle in meinem alten Zimmer der Blick auf die bewegte See. Ich hatte Glück, Nummer 8 war frei.
Wie ich freudig feststellen konnte, gingen die Terrassentüren unserer Zimmer auf einen großen, gemeinsamen Balkon. Ich hatte also jederzeit die Möglichkeit, mich von außen ihrem Fenster zu nähern und zu versuchen, einen vorsichtigen Blick auf ihr wollüstiges Treiben zu werfen.
Langsam, wie zufällig schlenderte ich dicht an der Wand des Balkons entlang zu ihrer Suite, die Hände in den Hosentaschen vergraben. Ihre Terrassentür stand offen, der milde Sommerwind wehte die leichten Gardinen ins Freie hinaus. Ich blieb nahe des Fensters stehen, in der Hoffnung, den Wohlklang des elektrischen Summens zu vernehmen, der meiner Phantasie kurz zuvor Flügel verliehen hatte. Doch ich hörte nur das aufgeregte Kreischen der Möwen

auf der Suche nach Futter. Also wagte ich einen Blick um die Ecke ins Innere ihres Gemaches. Es war leer.

Ich war nahe daran, meine Enttäuschung im Scotch zu ertränken, da sah ich sie schräg unterhalb des Balkons über den Sandweg zwischen den reich blühenden Blumen des Hotelgartens zu den Kreideklippen hinuntersteigen. Sie eilt zu einem Rendezvous, schoß es mir durch den Kopf. Ich fühlte einen Stich im Herzen. War Mrs. Kirsch doch nicht so einsam, wie ich es mir in meinen Phantasien vorgestellt hatte? Ich mußte es wissen, mußte in Erfahrung bringen, ob sie einen heimlichen Geliebten besaß. Erst jetzt, als ich dabei war, sie an einen anderen zu verlieren, wurde mir klar, wie sehr ich hoffte, sie sei alleinstehend, auf der Suche nach einem liebevollen Partner gar, als der ich mich nur zu gern angeboten hätte.

Schnell lief ich ebenfalls hinunter und hinter ihr her, um sie nicht aus den Augen zu verlieren. Ich suchte mit meinem Blick die zerklüftete Felsenküste ab. Wild schlug die Brandung gegen das Gestein. Wohin war Mrs. Kirsch entschwunden? Ich rannte entlang der Klippen über jenen Weg, auf dem ich ihr bei unserem ersten Treffen gefolgt war. Endlich entdeckte ich sie. Sie ging geradewegs auf einen der Tunnel zu, die sich im brüchigen Kalkstein gebildet hatten. Ich lief ihr

nach, doch sie war erneut verschwunden. Immer aufgeregter wurde ich auf meiner Suche, stolperte über herumliegende Steinbrocken, hätte mir fast mein Knie aufgeschlagen und konnte doch ihren weiteren Weg nur ahnen.
Wieder trieb es mich in einen dunklen Tunnel, ängstlich, unvermittelt vor ihr zu stehen und doch voller Sorge, sie völlig verloren zu haben. Nein, auch hier entdeckte ich sie nicht. Ich trat in die Sonne und ließ meinen Blick über die Ruinen eines verlassenen, archaischen Fischerhauses streifen. Woher stammte diese Sehnsucht, die mich wie ein Idiot hinter einer Frau herlaufen ließ, die ich gar nicht kannte? In mir tobten die Gefühle, drohten, mein sorgsam aufgebautes Leben ins Chaos zu stürzen. An welchem Punkt hatte sie mein Innerstes berührt, daß meine Gedanken sich nicht mehr von ihrem Bild zu lösen vermochten?
Da war sie wieder, diese grausame Melodie. Vorsichtig lief ich zu dem alten Gemäuer und versteckte mich hinter einer halbwegs erhaltenen Natursteinwand. Kaum war ich angekommen, erstarb das Geräusch, und ich sah Mrs. Kirsch hervorkommen, während sie noch ihr Gerät in der Handtasche verbarg. Ich war dem Ruf dieser seltsamen Sirene gefolgt. Doch sie spielte nur mit mir, wollte wissen, wie weit sie gehen könne.

Ich folgte ihr durch die Ruinen des Fischerdorfes hinab ans Meer, wobei ich sie mehr als einmal aus den Augen verlor. Da ich nicht schwindelfrei bin, kostete es mich einige Überwindung, mich an den Rand der Klippen zu legen und unter mir nach dieser geheimnisvollen Person Ausschau zu halten. Sie war mir entwischt, hatte die Verfolgung bemerkt und war ohne sichtbare Mühe entkommen.

Verwirrend, unheimlich wie in einem Gedicht von Edgar Allan Poe begann ihr unerklärliches Benehmen mich immer mehr in ihren Bann zu ziehen. Mrs. Kirsch war eine Heimsuchung, die meine Vernunft übermannte. Ein englischer Teesalon erschien mir daher der geeignete Ort zu sein, meine erregten Nerven milde zu stimmen und meine Gedanken zu ordnen.

Kaum hatte ich mir in einer stillen Ecke des Salons, nahe am Kamin, ein frisches Rosinenbrötchen mit Quark und Marmelade bestrichen, tauchte sie auf, sah sich völlig unschuldig im Salon um und setzte sich schließlich an einen Tisch am anderen Ende des Zimmers, doch genau in Blickrichtung zu mir. Noch immer tat sie so, als bemerke sie mich nicht. Kein Zweifel, sie verfolgte mich.

Ich sah sie an, bewegungslos und still. Und ich hörte ihr zu. Unbeschreiblich, wie sie genüßlich mit ihrer kleinen Zunge die cremige Füllung aus

einem schokoladenüberzogenen Liebesknochen herausleckte und ihn mit leisen, mehr saugenden als schmatzenden Geräuschen verspeiste. Sie tat es mit einer derart abwesenden, genießenden Geste, daß mir unwillkürlich der Vergleich zur Fellatio kam und ich mich kaum mehr beherrschen konnte.
Endlich schenkte sie mir einen Blick. Es war das erste Mal, daß sie mir in die Augen sah, und für diesen kurzen Moment hatte ich den Eindruck, sie öffne mir ihr Herz und gebe mir Einblick in ihre Seele. Das war deutlich, Mrs. Kirsch.
Sie verlangte die Rechnung und bezahlte.
Ungeduldig rief ich nach der Kellnerin, die gerade einen Nebentisch bediente, und für einen kurzen Augenblick wandte sich Mrs. Kirsch mir erneut zu, als glaube sie, der Anruf gelte ihr. Doch sie merkte, mein Augenmerk war auf die Kellnerin gerichtet, und verschwand ungerührt durch die Tür ins Freie.
So schnell ich konnte, zahlte ich und bahnte mir den Weg durch eine Gruppe ebenfalls aufbrechender Touristen. Mrs. Kirsch schlenderte gemütlich den Bürgersteig entlang; ich konnte mir Zeit lassen. Schließlich sah ich sie die Straße überqueren und ein kleines Kino betreten. Für einen Moment betrachtete ich das nichtssagende Werbeplakat. Gespielt wurde »Sex, Thighs & Video Tape«. Eine vulgäre Parodie auf

Soderbergh? Diese Frau schreckte vor nichts zurück. Doch zum ersten Mal, seit ich sie auf dem Felsen hatte stehen sehen, war ich frei von dem Zwang, sie zu verfolgen. Es war, als habe sie mit ihrem Blick auf mich einen Bann gebrochen. Ich war nun nicht mehr darauf angewiesen, sie zu verfolgen, um jeden nur erdenklichen Hinweis aufzusaugen, der mir Informationen über ihr Wesen hätte geben können. So beschloß ich, diese Episode auszulassen, ging statt dessen ins Hotel zurück, trank ein Gläschen Scotch und versuchte, mich wieder in die lichten Höhen der Dichtkunst zu schwingen.

Ich weiß nicht, wie lange ich gearbeitet hatte, als ich durch die dünne Wand des Zimmers in ihrer Suite das Telefon klingeln hörte. Meine Finger, die eben noch munter über die Tasten getanzt hatten, verloren den Kontakt zu meinen Gedanken. Abwesend führte ich mein Glas zum Mund und lauschte in die Stille. Ich hielt den Atem an, um kein Geräusch, mochte es auch noch so leise sein, zu versäumen. Das Klingeln setzte aus. Ich kippte den Rest Scotch in meine Kehle, zögerte einen kurzen Augenblick und ging entschlossen zur Wand. Ich wollte ... ich durfte nichts von dem verpassen, was sich jenseits dieser Mauer abspielen mochte. So drückte ich das leere Glas mit der offenen Seite an die Tapete und preßte mein Ohr ans andere Ende. Ich weiß nicht, wo ich von diesem Trick zum ersten Mal gelesen hatte, aber... er bewährte sich. Wieder vernahm ich jenes leise Summen, das ich so gut kannte. Ich gestehe, ich war wild auf diesen Ton, der meine Träume dem Rhythmus der Begierde unterwarf.

Mit wem mochte sie telefonieren? War sie nackt? Nein, sicher trug sie zumindest ihre Seidenunterwäsche. Sie würde in schwarzen Seidenstrümpfen und einem schwarzen Mieder mit Spitzeneinsatz auf der Konsole ihres Spiegels sitzen, einen Vibrator, dessen Ton ich deutlich vernehmen konnte, in der einen, den Hörer des Telefons in der anderen Hand.

Vielleicht hatte sie sich vom Zimmerservice eine Portion Schlagsahne bringen lassen. Während sie mit ihrem Gesprächspartner, zweifellos ihrem Liebhaber, redete, würde sie genüßlich den in ihrer Hand vibrierenden Apparat nehmen und ihn langsam in die geschlagene Sahne tauchen. Genießerisch würde sie den Stab zum Munde führen und die Sahne ablecken, während das Gerät ihrer Zunge kleine, erregende Schläge verabreichte und ihr Liebster von seinen alltäglichen Geschäftsangelegenheiten erzählte. Sie würde sich im Spiegel anlächeln und den zarten Vanillehauch der Sahne auf ihrer Zunge zergehen lassen, während gleichzeitig ihr Atem immer schwerer ginge.

Würde sie stöhnen? Sicher, leise für sich, kaum vernehmbar für ihren Gesprächspartner und erst recht nicht für mich würde sie sich ihren erotischen Gefühlen hingeben, über den Draht der Telefonleitung mit ihrem Liebsten verbunden. Ich spürte so etwas wie eine verborgene Eifersucht in mir aufkeimen. Noch vor wenigen Stunden hatte sie mir im *Tearoom* ein Zeichen ihres Wohlwollens gegeben, und nun flirtete sie am Telefon mit ihrem Liebhaber. Es zerriß mich. Ich versuchte mir klarzumachen, daß dieser andere natürlich ältere Rechte besaß. Gleichzeitig mußte ich aber erleben, wie sie mit ihm eine Intimität teilte, von der ich bis jetzt nur zu träumen wagte. Ich konnte mir das nicht mehr mit anhören. So begab ich mich unter die Dusche und versuchte, wieder einen klaren Kopf zu bekommen. Wie hoffnungslos war meine Liebe, wie absurd die Vorstellung, ich sei der einzige Mann, der sich von ihrer Sinnlichkeit faszinieren ließ. Während das kühlende Wasser auf meinen erhitzten Körper herabrieselte, faßte ich einen Entschluß: Ich würde mich durch Mrs. Kirsch nicht mehr von meiner Arbeit ablenken lassen.

Doch schon am nächsten Tag folgte ich ihr erneut. Sie war mit ihrem roten Porsche aufgebrochen, und ich versuchte, mich von ihr in meinem Rover nicht abhängen zu lassen. So rasten wir

gemeinsam durch die Gegend, vorbei an üppig wuchernden Gräsern, alten Feldsteinmauern und kleinen Wäldchen.
Ich befand mich in einem Chaos der Gefühle. Mein Verstand sagte mir, ich solle die Finger von ihr lassen, mein Herz hingegen sehnte sich nach ihr und glaubte unverwandt an die Möglichkeit einer sinnlichen Begegnung, um welchen Preis auch immer.
Auf einem schmalen Feldweg bog sie ein und parkte auf einer frisch gemähten Wiese. Ich hielt mich in sicherem Abstand hinter ihr und griff nach meinem Fernglas, das ich eigens zu diesem Zwecke erstanden hatte. Wie eine junge Bergnymphe sprang sie mit weit ausgebreiteten Armen über das Gras und verschwand schließlich tanzend in einem angrenzenden Wald. Enttäuscht stellte ich fest, daß sie ihre Tasche und somit auch ihr Sie-wissen-schon-was *nicht* mit sich führte. Ich würde mich wohl mit dem summenden Geräusch von Sommerfliegen begnügen müsse.
Ich lief ihr nach, versteckte mich hinter jungen Bäumen, kletterte hinter ihr einen steilen Abhang hinauf. Es stimmte mich glücklich, sie derart unbekümmert durch den Wald springen zu sehen, wenn auch gleichzeitig eine gewisse Melancholie sich meiner bemächtigte; war doch ihre Sorglosigkeit nicht für mich bestimmt.

Durch sie begann ich, mein Herz den mit dem Wald verbundenen Eindrücken zu öffnen. Wie mochte sie all dies wahrnehmen: ihre federnden Schritte auf dem weichen Humusboden, die modrige, feucht-kühle Waldluft, das saftige Grün der Blätter und Nadeln?
Sie schien sich ihres Weges sehr sicher zu sein, so als verfolge sie geradewegs ein mir unbekanntes Ziel. Es dauerte gar nicht lang, bis ich entdeckte, wohin sie ihre Schritte führten. Ich konnte es kaum glauben. Auf der anderen Seite des Waldes, tief unten im Tal, befand sich eine vielleicht 60 Meter lange, in den Kalkboden gemeißelte Figur; das archaische Abbild eines nackten Kriegers, der eine mächtige Keule über seinem Kopfe schwang. Es war der Riese von Cerne Abbas, wie ich später erfuhr, ein Fruchtbarkeitssymbol noch aus keltischer Zeit. Brust und Rippen waren mit wenigen Strichen und Kreisen nur angedeutet, aber in seiner Mitte prangte, hoch aufgerichtet, ein riesiger Phallus, der an der Wurzel in einem beutelartigen, doppelrunden Hoden mündete.
Ich legte das Fernglas an meine Augen und beobachtete gespannt Mrs. Kirsch. Mit weit ausgebreiteten Armen tanzte meine Peisinoe, meine sinnbetörende Sirene, zwischen den Beinen dieses Kriegers, bewegte sich Pirouetten drehend an seinen Schenkel hinauf zu eben jenem

Schaft, dessen stilisierte Formen sie im *port de bras en haut* der Ballettänzer mit flatternder Bluse umkreiste. Sie tanzte im Spitzenschritt entlang der Linie um seinen Beutel, hielt an der Wurzel inne, als huldige sie Amor, dem Gott der Liebe, nur um gleich darauf – *port de bras en avant* – zur Eichel zu tippeln, wo sie sich langsam zu mir umwendete, sich zusammengekrümmt zu Boden warf, in die Höhe schnellte, um die eigene Achse wirbelte, um schließlich mit weit von sich gestreckten Armen und Beinen auf dem Rasen liegenzubleiben, genau dort, wo die Eichel ihren Spalt besaß.

Eine junge, wilde Sommergöttin hatte mich herausgefordert. Eine Springflut zügelloser Gedanken warf mich ins feuchte Gras. Noch heute abend würde ich mich ihrer bemächtigen und mein Verlangen stillen.

Ich traf sie wie erwartet beim Abendbrot, wo sie mit glänzenden Lippen genüßlich schlürfend grünen Spargel in ihren Mund schob. Wußte sie um die aphrodisische Wirkung dieses Gemüses? Ich brauchte sie nur anzusehen, um die Antwort zu erhalten. Ihr Blick glitt in unendliche Fernen, so als wäre sie gar nicht anwesend, als schwebe sie in anderen Welten, die mir als Außenstehendem nicht zugänglich waren. Kaum war sie in der Lage, das Wasser, das aus den saftigen Stangen triefte, mit ihren Lippen aufzufangen; sie mußte sich vorbeugen, damit der Saft nicht ihre Kleider benetzte. Ihre Kleider – das war eine glänzend rosa, kurzärmlige Organzabluse mit weitem V-Ausschnitt und einem schweren, breiten Kragen, der ihr während des Essens immer weiter von den runden Schultern rutschte und gleichzeitig immer mehr ihres sommerlich geröteten Oberkörpers freigab, auf welchem die Spitze des V sich bis tief ins Tal zwischen ihren fleischigen Brüsten vorwagte. Gebannt fragte ich mich, bis zu welchem Punkt sie diese gleitende Entkleidung noch zulassen würde; halb ängstlich erwartete ich den Augenblick, in dem sie mit einer ruckartigen, reflexhaften Bewegung dem Schauspiel ein Ende bereiten und die Bluse hinauf über die Schultern ziehen würde.

Viel zu schnell hatte sie ihren Teller geleert und leckte sich nun mit einem leise saugenden Geräusch jeden einzelnen ihrer mit kirschrotem Nagellack verzierten Finger. Nachdem sie auch ihren Daumen in den Mund gesteckt, um ihn ganz langsam wieder herauszuziehen, kapitulierte ich. Entschlossen schritt ich zur Tat.

»Bitte betrachten Sie den respektvollen Gruß eines unbekannten Verehrers, der sich hoffnungsfroh mit einer roten Nelke schmückt, mit Wohlwollen«, schrieb ich auf eine Seite meines Notizblocks und winkte den Ober heran. Ich

bestellte eine Flasche Champagner und ließ ihn Mrs. Kirsch bringen. Den sorgfältig abgerissenen Zettel legte ich bei.
Ich wartete gespannt, was nun passieren würde. Mrs. Kirsch nahm den Brief ohne große Überraschung, las und legte ihn gelangweilt beiseite. Wie selbstverständlich ließ sie sich das Etikett des Champagners zeigen und ein Glas einschenken. Ich erhob mein Glas zum Gruß, doch sie reagierte nicht auf mich. Statt dessen kritzelte sie etwas auf ihren Notizblock, der bereits auf dem Tisch lag, riß den Zettel ab und gab ihn dem Kellner. Leise, fast vertraulich flüsterte sie ihm ins Ohr. Ich war gespannt. Gleich darauf verließ sie das Speisezimmer, und der Kellner kam zu mir. Emotionslos verbeugte er sich vor mir und legte die Nachricht auf den Tisch. Ich las den Zettel, ungeduldig, in äußerster Erregung.
»Sehr charmant«, stand dort geschrieben. »Darf ich mich mit einem Brandy revanchieren? Zimmer 9. Mrs. Kirsch.«
Und nun, nach dem langen Vorspiel, kam der große Moment. Ich ging hinauf, klopfte entschlossen an ihre Tür und trat, nachdem sie geantwortet hatte, beherrscht in ihr Zimmer, das sich von meinem nicht wesentlich unterschied. Mit übereinandergeschlagenen Beinen saß sie auf einem Stuhl vor dem Kamin und sah mich erwartungsvoll an. Noch immer trug sie

die rosa Bluse, die sie beim Abendessen angehabt hatte, und noch immer waren ihre zarten, rosa Schultern frei.

»Kommen Sie rein«, bat sie mich. Ich trat zögernd auf sie zu, unsicher, wie ich mich ihr gegenüber verhalten sollte. Verschiedene Gefühle brachen sich ihre Bahn, ich war meinem Ziel so nah und wußte doch nicht mit letzter Sicherheit, ob ich ihre Einladung richtig gedeutet hatte oder nicht vielmehr dabei war, einen der größten Fehler meines Lebens zu begehen, in ein Fettnäpfchen von exorbitantem Ausmaß zu stolpern. Zurück konnte ich nicht, doch vorwärts zu gehen wagte ich ebenfalls nicht.

Sie wies mir einen Platz ihr gegenüber auf einem Sessel. Mir fehlte die innere Ruhe, um es mir in den Polstern gemütlich zu machen. Auch war der Sessel so niedrig, daß sich mein Kopf, selbst wenn ich mich gerade aufrichtete, immer noch weit unter dem ihren befand und ich gezwungen war, ständig zu ihr aufzuschauen. Ein psychologischer Trick, um mich zu verunsichern? Ich setzte mich auf den Rand des Polsters, um wenigstens ein bißchen an Größe zu gewinnen, doch diese Haltung war unnatürlich und verstärkte nur mein Unbehagen.

Sie schien meinen inneren Kampf nicht zu bemerken und lächelte mich mit halb geschlossenen Augen an.

»Der Champagner war ein sehr hübscher Einfall von Ihnen«, sagte sie schließlich. »Ich möchte Ihre Aufmerksamkeit mit einem ... Brandy belohnen.«
»Nein, ich glaube, ein Kirschwasser würde mir besser munden«, entgegnete ich. »Danke.«
Sie lächelte und erhob sich, um zum Telefon zu gehen, das auf ihrem Bett lag. Ich hatte mich getäuscht, ihre Schlafstatt war nicht mit schwarzem Samt bezogen, sondern mit demselben altmodischen Blümchenmuster bedeckt wie das in meiner Suite.
Sie legte sich lasziv auf die Matratze und wählte.
»Ja, einen Kirsch und eine Virgin Mary. Zimmer 9 ... Danke.«
Ich näherte mich ihr in stürmischem Verlangen und setzte mich zu ihr auf das Bett.
»Sie sind eine ungewöhnliche Frau. Sie faszinieren mich, Mrs. Kirsch.«
»Ich weiß sehr wohl, daß Sie mich seit Tagen verfolgen.«
Ich war überrascht.
»Ich dachte, Sie hätten mich glatt übersehen.«
»Natürlich nicht. Nur gibt es da ein gewisses Problem, verstehen Sie? Und außerdem bin ich fürchterlich kurzsichtig. Wenn Sie mich bitte für einen Augenblick entschuldigen würden?«

Während der letzten Worte war sie zusehends nervöser geworden, begann verlegen an ihrer Bluse zu nesteln und sprang schließlich vom Bett auf, entfernte sich mehr laufend als schreitend über den langen Flur in Richtung Badezimmer. Es war dieselbe Unruhe, die sie ein paar Tage zuvor beim Anblick der Polaroids befallen hatte. Verlegen drehte sie sich noch einmal zu mir um, lächelte mir entschuldigend zu und verschwand im Bad.
Ich war verwirrt, erregt, meine Phantasie ging mit mir durch. Würde Sie sich ungeachtet meiner Anwesenheit des Gerätes bedienen? Ich bemerkte, daß sie die Badezimmertür nicht hinter sich geschlossen hatte. Absichtlich? War dies eine ihrer versteckten Einladungen? Vorsichtig folgte ich ihr. Es wäre das erste Mal, daß ich sie dabei beobachten könnte, wie sie sich selbst zum Orgasmus trieb. Und sei es nur für eine Sekunde, ich mußte die sich mir bietende Chance ergreifen.
Da klopfte es an der Zimmertür.
»Sagen Sie bitte dem Kellner, er möchte die Getränke auf meine Rechnung schreiben«, rief sie mir zu. Entsetzt bemerkte ich, wie sie die Badezimmtertür schloß, noch ehe ich einen Blick hineinwerfen konnte.
»Ins Schlafzimmer, bitte«, sagte ich verärgert, nachdem der Zimmerkellner hereingekommen

war. Er betrat den Raum und stellte die Getränke auf dem Ecktisch ab. In diesem Augenblick begann das Summen. Erstaunt blickte er auf und sah mich mit einem verschmitzten Lächeln an. Ich wurde verlegen, wußte nicht, wohin mit meinem Blick. Sein Grinsen hingegen wurde immer breiter. Was dachte sich dieser Kerl?
Mit einem förmlichen »Danke« unterschrieb ich den Beleg und begleitete den jungen Mann zur Tür.
»Ich habe mich zu bedanken«, erwiderte er zweideutig lächelnd.
Kaum war er verschwunden, verstummte auch schon der Ton, und Mrs. Kirsch kam zurück. Sie hatte sich wieder vollständig in ihrer Gewalt, sah entspannter aus und ließ vergnügt die Handtasche an ihrem Arm pendeln. Ich konnte nicht mehr an mich halten. Mit einer stürmischen Umarmung riß ich sie auf das Bett.
»Halten Sie mich bitte nicht für unverschämt. Aber da ist etwas, was ich unbedingt wissen muß. Oh Gott, ich halte das nicht mehr aus. Ich höre nur noch ... ich spüre diesen Klang. Dieser Motor ... das Summen von ...«
Sie sah mich entsetzt an, verlegen ob meines Gefühlsausbruchs. Doch je länger ich redete, desto mehr schien ihr ein Licht aufzugehen, und als ich von dem Geräusch zu reden begann, welches mir mittlerweile beinahe vollkommen den

Schlaf raubte, blickte sie erstaunt, verschmitzt auf mich herab. Sie begann zu lachen, wehrte meine stürmischen Umarmungen mit ihren Armen ab und richtete sich auf.

»Nein, nein. Da liegen Sie völlig falsch«, stieß sie hervor. »Ein Mißverständnis.«

Sie nahm ihr schwarzes Täschchen und öffnete es vor meinen Augen. Doch der Apparat, den sie hervorholte, hatte eine völlig andere als die von mir erwartete Form.

Verführerisch zog sie ihre Bluse auseinander und legte vor meinen Augen ihre zartrosige, volle Brust frei. Für einen Moment dachte ich, mein Verstand setze aus. Ohne die geringste Verlegenheit drückte sie den durchsichtigen Saugnapf, der sich am oberen Ende des Gerätes befand, an ihre kleinen Mamellen und schaltete den Apparat ein, der sofort mit dem mir so vertraut gewordenen Ton munter zu summen begann. Nie zuvor hatte ich solch ein Gerät gesehen!

Eine Weile ließ sie den Motor laufen. Der Apparat jedoch vibrierte kaum, wesentlich schwächer zumindest als von mir erwartet. Ich bemerkte verwirrt, wie eine milchige Flüssigkeit in das darunter angebrachte, kleine Fläschchen sprudelte. Amüsiert reichte sie mir das Gerät, das ich verständnislos beäugte. Ich schüttelte das Fläschchen, ohne zu begreifen.

»Das ist meine Milchpumpe«, erklärte sie verlegen.
»Und ich dachte, das wäre der Ton von ...« rechtfertigte ich mich.
Lachend ließ sie sich auf das Bett zurückfallen, und nach einer kurzen Spanne des Begreifens stimmte ich gelöst in das fröhliche Gelächter ein.
Ich weiß nicht, wie lange wir beide so dagelegen haben, dicht nebeneinander auf dem weichen Bett, welches in meinen Phantasien der letzten Tage als Schauplatz unersättlicher Orgien eine derart große Rolle gespielt hatte. Wir lachten, bis wir beide rot anliefen, und mit dem Lachen verschwand jede Spur möglicher Scham, löste sich auf und machte einer Nähe Platz, die unter anderen Umständen nur schwer herzustellen gewesen wäre.
Entspannt widmeten wir uns den Getränken. Ich setzte mich wieder in den grünen Sessel, während sie es sich auf dem Sofa bequem machte, ihre Schuhe abstreifte und die Beine seitlich hinter sich zog.
»Ich werde Ihnen alles erklären«, sagte sie. »Cheers!«
»Cheers!«
»Wissen Sie, vor kurzem bekam ich ein Baby. Leider kam es drei Monate zu früh zur Welt. Zunächst sah es so aus, als ob es nicht überleben

würde. Können Sie sich vorstellen, was für eine Angst ich hatte? Das hätte ich nie ertragen, diesen Anblick dieses kleinen, hilflosen Wesens auf der Intensivstation. Mein Arzt sagte, es wäre für mich besser, für eine kurze Zeit zu verreisen. Ich konnte ja doch nichts tun. Und mein Baby war in guten Händen. Schon bald kann es die Intensivstation verlassen. Gott sei Dank. Ist das nicht wunderbar?«

Ich nickte reflexhaft.

»Aber ich mußte etwas tun, um meine Milchdrüsen nicht versiegen zu lassen«, fuhr sie fort. »Ich möchte mein Baby nämlich stillen, sobald es aus dem Krankenhaus kommt. Ich werde Ihnen zeigen, was ich gemacht habe.«

Sie öffnete die kleine Minibar, die an der Seite des Sofas stand. Sie war randvoll gefüllt mit kleinen, weißen Plastikbehältern in der Größe von Joghurtgläsern, die beim Öffnen der Tür ins Zimmer kullerten. Gemeinsam sammelten wir sie ein und stapelten sie zurück in ihre kühle Aufbewahrungsstätte. Endlich begann ich die Zusammenhänge vollends zu verstehen. Mrs. Kirsch mochte eine sehr sinnliche Frau sein, aber in diesem einen, entscheidenden Punkt hatte ich mich geirrt. Die Wonnen eines Vibrators waren ihr fremd.

»Aber das mit der Muttermilch ist eine verrückte Sache«, sagte sie. »Ich weiß nie, wann es losgeht.«

Ihr Blick fiel auf die Polaroids, die auf dem Barschränkchen lagen und die im Speisesaal meine Phantasie beflügelt hatten.
»Wollen Sie die Bilder sehen?«
Sie preßte die gerade aufgesammelten Dosen mit einer Hand gegen ihre Brust und reichte mir mit der anderen die Bilder. Während ich sie mir lächelnd ansah, stapelte sie die letzten Döschen in die Bar.
»Ich meine, nur als Beispiel, eben vor unseren Drinks begann die Milch plötzlich zu fließen. Und dann heißt es schnell handeln, denn sonst wird alles völlig naß.«
Die Bilder zeigten ein neugeborenes Baby auf dem Wickeltisch irgendeines Krankenhauses. Die Arme und Beine waren winzig, der Kopf noch fast so verschrumpelt, wie er nach der Geburt gewesen sein mochte.
»Wirklich süß«, sagte ich.
»Und so winzig!«
»Wie alt ist er denn hier?«
»Drei Tage. Inzwischen wird er richtig groß sein.«
»Hübsche Augen.«

Endlich konnte ich mich wieder meiner Arbeit widmen. Mein neuer Gedichtband erschien ein halbes Jahr später unter dem schlichten Titel »Sommermilch«.

Ich hatte ein langes Labyrinth der Sünde durchlaufen und war in dem Schoße einer Familie gelandet. Denn natürlich gab es auch einen Mr. Kirsch. Er war wegen eines dringenden Geschäftes unterwegs gewesen und kam am folgenden Tag zurück, um sich seiner Frau anzunehmen.

Mrs. Kirsch ist Choreographin, und ihren wilden Tanz unten im grünen Tal habe ich später auf einer Bühne wiedergesehen. Ich wurde zum Patenonkel ihres Sohnes erkoren, und mit allen dreien verbindet mich heute eine tiefe Freundschaft.

Berührungen

Etwas mußte sich ändern. Enttäuscht schlenderte Sarah durch ihr enges, mit Staffeleien und Stühlen vollgestelltes Atelier und betrachtete die kaum sichtbaren Fortschritte ihrer Studenten. So gar nicht schienen sie in der Lage zu sein, der Schönheit eines nackten Frauenkörpers nachzuspüren. Der sanfte Schwung einer Schulter, die faszinierende Unschuld eines Pos waren ihnen fremd. Alles, was sie sahen, waren aneinandergereihte geometrische Formen, allenfalls noch visuelle Synonyme instinktiven Begehrens. Wo in den Bildern spiegelte sich etwas von der Lebensfreude, dem selbstbewußten Aufgehen in der eigenen kreativen Arbeit, dem Genuß?

Einer ihrer Studenten, Claude, war ein lebensfroher, energiegeladener Vierziger mit zu kurz geratenen Beinen. Die Vorstellung, Aktzeichnen sei ein hocherotischer Vorgang, hatte ihn an die Staffelei getrieben. Wie jeden Donnerstag

abend saß er zusammen mit den anderen Interessierten in Sarahs kleiner Wohnung am Stadtrand Melbournes vor seiner Kohlezeichnung.
Mit großer Hingabe skizzierte er die ausladenden Schamlippen des von ihm durch grobe Striche angedeuteten Akts. Auf seinem Bild lag das Modell mit weit geöffneten Beinen im Nichts, sie hatte einen übertrieben birnenförmigen Oberkörper, der sich zu den stark abstehenden Brüsten hin jäh verjüngte. Ihre Höfe bildeten aufgeblähte Hügel, von deren Mitte sich dunkel die Spitzen abhoben.
Mit einem kritischen Blick prüfte Sarah sein Werk und wandte sich resigniert ihren anderen Schülern zu. Sie kannte Claudes Eigenart, den weiblichen Geschlechtsmerkmalen übertrieben viel Aufmerksamkeit zuzuwenden, und würdigte ihn keiner Bemerkung.
Statt dessen beugte sie sich zu ihrem Modell Christine hinunter, die sich mit geschlossenen Augen auf dem Sofa ausgestreckt hatte, den rechten Arm locker über den Kopf gelegt.
»Schläfst du?«
Christine brummte zustimmend. Ihr war nicht nach Reden zumute. Es war ihr sichtlich peinlich, völlig nackt den Blicken der Studenten ausgeliefert zu sein. Nur aus Freundschaft zu Sarah hatte sie sich bereit erklärt auszuhelfen, weil Maureen, Sarahs eigentliches Modell,

krank geworden war. Doch erst als sie vor versammelter Mannschaft ihren Bademantel abstreifen und sich so entblößt auf das Sofa legen sollte, war ihr klar geworden, worauf sie sich eingelassen hatte.
Sarah warf einen Blick auf Charles, der sich mittels breitkrempigem Hut und um den Hals geschwungenem Schal als Bohemien ausstaffiert hatte, jedoch nicht das geringste Gefühl für Formen oder Perspektiven besaß. Kurz betrachtete sie sein Bild; ein Schloß hatte er gemalt, in dessen Vordergrund eine junge nackte Frau wie auf der Flucht gen Bildrand drängte. Ihr Kopf hatte die Form einer Sonnenblume. Er war ein Mann, der die Blumen liebte. Sie erregten ihn ob ihrer selbstvergessenen Schönheit. Und so war es für ihn nur natürlich, auch in der Malerei eine – wenn auch naive – Synthese zwischen ihnen und dem Körper einer Frau zu suchen.
Sarah hatte es aufgegeben, mit ihm über den künstlerischen Wert einer solchen Verbindung zu reden. Ohne ein Wort an ihn zu richten, ging sie weiter, lobte eine Mittzwanzigerin für ihren lockeren Strich und wandte sich einem Inder zu, der in rosa Sweatshirt und goldbestickter Weste über sein bisheriges Ergebnis nachgrübelte. Freundschaftlich legte sie ihre Hände auf seine Schultern.
»Machen Sie die Linien etwas weicher«, riet sie

ihm. Ihr Blick fiel auf Christine, die sich ob all der Blicke, die auf ihren nackten Körper gerichtet waren, nicht wohl fühlte. Aufmunternd lächelte Sarah sie an. Für einen kurzen Augenblick huschte ein dankbares Lächeln über Christines Gesicht, doch sofort wurde sie wieder ernst und versank in ihrer Starre.
Verschwörerisch zwinkerte Sarah ihr zu. Sie betrachtete liebevoll den elfenbeinblassen, stämmigen Körper Christines. Ihre Füße waren erstaunlich langgliedrig für eine kleine Frau. Ihre Schienbeine traten im Liegen leicht hervor; auf den kantigen Knien zeigten sich rote Flekken; die Oberschenkel waren kräftig, die Hüfte füllig, doch zur schlanken Taille hin jäh abfallend. Sie hatte flache, runde Brüste mit kleinen, blaßrosa Höfen, in denen sich die breiten Spitzen fast versenkten; leicht muskulöse, glatte Schultern und einen durch ihre künstliche Stellung endlos wirkenden Hals. Ihr Gesicht war oval, ungeschminkt, mit rosigen Wangen, ihre Haare sowohl am Kopf als auch an der Scham dunkelbraun, am Kopf jedoch kurz, während sie in der Leistengegend üppig wucherten.
»Kommen Sie! Seien sie nicht so schüchtern. Das muß viel sinnlicher werden«, forderte Sarah einen alten, weißhaarigen Herrn im weißen Arbeitskittel auf, der tief über sein Blatt gebeugt versuchte, seine Eindrücke zu Papier

zu bringen. Auch ihm legte sie die Hand auf die Schulter.
»Das ist sinnlich!« betonte er entrüstet.
»Feiern Sie den Körper!«
»Ja, wahrhaftig, das mache ich«, murmelte Claude. Er widmete sich hingebungsvoll der Ausgestaltung der Brustwarzen auf seinem Papier. Sarah trat hinter ihn.
»Das nennst du ›den Körper feiern‹?«
Erschrocken sah er auf.
»Ja sicher! Sie ist sehr exotisch, findest du nicht?«
»Ja, aber du nicht. Das ist obszön, Claude.« Kopfschüttelnd ging sie weiter.
»Ich tue nur das, was du gesagt hast!« rief er ihr nach.
»Was habe ich denn gesagt?«
»Du hast gesagt: ›Zeichnen Sie, was Sie sehen‹.«
»Und so was siehst du hier? *Das* siehst du?«
»Ja, genau.«
»Du hast Halluzinationen!«
Sarah wandte sich der Gruppe zu. »So, danke alle miteinander. Bitte lassen Sie ihre Skizzen hier, ich will sie mir in Ruhe ansehen.«
»Ich will meine mitnehmen. Vielleicht ändere ich meine Einstellung«, quengelte Claude.
»Das solltest du wirklich.«
Sie begab sich zur Haustür, um ihre Studenten

zu verabschieden. Charles stellte sich ihr in den Weg.
»Bitte, dürfte ich ein Polaroid von dem Modell machen?« fragte Charles.
»Wozu?«
»Weil ich die Pose zu Hause noch studieren möchte.«
»Nein, Charles. Wir machen hier Lebendstudien. Wir wollen das Leben zeichnen, verstehen Sie? Zeichnen Sie aus der Erinnerung, mit ihrer Vorstellungskraft.«
»Das tue ich, das tue ich«, versicherte er schnell.
Ein anderer ihrer Schüler trat auf sie zu.
»Entschuldigen Sie. Dürfte ich nächste Woche meine Frau mitbringen? Sie würde gern sehen, was wir hier machen.«
»Was *Sie* hier machen! Traut Sie Ihnen nicht?« Sarah lachte. »Natürlich kann sie kommen.«
»Bis nächste Woche.«
»Bis dann.«
Humpelnd näherte sich Claude Christine, die gerade ihre Blöße mit einem roten Bademantel bedeckte. »Würden Sie für mich privat Modell sitzen?«
Sie reagierte verlegen auf diese Bitte: »Was sagen Sie?«
Lächelnd wiederholte er seine Frage.
»Ich sitze nicht privat Modell«, sagte sie. »Ich bin kein Profi.«

»Oh, Sie müssen kein Profi sein. Sie wissen, was Oscar Wilde sagt?«

»Was hat Oscar Wilde denn gesagt?« schaltete Sarah sich ein, die Arme verschränkt.

»›Frauen inspirieren Männer. Sie erwecken in ihnen den Wunsch, Meisterwerke zu erschaffen. Aber dann halten Sie sie von der Verwirklichung ab.‹ So sagte er.«

»Oscar mochte keine Frauen, nicht?« sagte Sarah.

»Richtig. Aber ich mag sie. Sehr sogar.«

»Ja, das weiß ich, Claude. Wolltest du nicht Charles nach Hause bringen?«

Ein wenig verwirrt sah er zu seinem Freund hinüber, der mit stocksteifer Miene an der Tür auf ihn wartete. Da er bei Christine keinen Erfolg gehabt hatte, schmiegte er sich nun zärtlich gegen Sarah, die ihn freundlich, aber bestimmt auf Abstand hielt.

»Ich faxe dir noch ein paar Gedichte und Skizzen, wenn du nichts dagegen hast«, sagte er.

»Nein, ich habe nichts dagegen.«

Hand in Hand verließen die beiden Männer das Atelier, was aufgrund der Tatsache, daß Claude Charles gerade bis zum Bauchnabel reichte, ein wenig obskur wirkte.

Christine hatte die letzten Szenen unbeteiligt beobachtet und sich dabei eine Zigarette gedreht.

»Habe ich ihn gekränkt?« fragte sie.
»Ach was«, beteuerte Sarah. »Er hält sich für die Reinkarnation von Toulouse-Lautrec. Du solltest meine Gedichtsammlung von ihm sehen. Liebesgedichte. Er faxt sie mir. Wir haben eine platonische Affäre.«
»Toulouse-LeFax.«
»Roderick hat angerufen. Zwei Mal.«
Christine nickte gleichgültig.
»Was treibt er so?« fragte Sarah.
»Nichts. Das ist das Problem.«
»Ich dachte, er wäre ein Mann voller Ideen und Esprit?«
»Ich meine es ernst!« Christine erhob sich vom Sofa, auf der Suche nach einem funktionierenden Feuerzeug. Auf einem Regal, zwischen einer antiken Porzellandose und einem aus Holz geschnitzten Elefanten, fand sie eine Schachtel Streichhölzer.
»Warum bleibst du bei ihm?« fragte Sarah.
»Ich weiß nicht. Ohne mich kann er nicht leben.«
»Und du?«
»Ich bin irgendwie von ihm abhängig. Ich fand ihn früher wirklich gut. Manchmal immer noch.«
Sarah nahm sich den Tabakbeutel und begann, sich ebenfalls eine Zigarette zu drehen.
»Daß Menschen einander so verfallen ... Koka-

in könnte nicht schlimmer sein. Sie können nicht loslassen.«

»Er ist so besitzergreifend. Er hat sich aufgeregt, daß ich dir aushelfen wollte. Weißt du, was er sagte? ›Du hast nicht die Figur.‹«

Sarah sah sie einen Moment ernst an, dann verdrehte sie die Augen. Wahrscheinlich glaubte er sogar, was er sagte. Hatte er sie mit seiner steinernen Unsicherheit infiziert? Christine war sicher kein Vorbild an Selbstbewußtsein. Warum auch versuchte sie noch immer, ihr Selbstwertgefühl durch ein Lob von ihm aufzubauen, das er doch nie aussprechen würde?

»Gott, was für ein Unsinn. Komm her.« Sie schob Christine vor den großen Drehspiegel und stellte sich dicht hinter sie. Entschlossen zog sie Christine den Bademantel vom Körper.

»Nun sieh dich an.«

Christine wirkte verlegen ob ihres nackten Spiegelbilds und schaute betreten zu Boden. Sanft fuhr Sarah mit ihren Fingerspitzen über Christines apfelrunde Schultern. Ein flüchtiges Lächeln huschte über das Gesicht des jungen Mädchens, doch gleich darauf war es wieder von derselben Traurigkeit erfüllt, die sie während des Gespräches über Roderick bedrückt hatte. Sarahs Hand glitt langsam weiter über die straffe Haut oberhalb ihres Schlüsselbeins, hinab zu ihrer Brust, hob, als sie die Spitzen erreichte, ein wenig die Finger, um Christines Unsicherheit nicht noch zu verstärken, und ruhte einen Moment auf ihren hervortretenden Rippen. Christine wußte nicht wohin mit ihren Augen. Sie sah auf die Hand im Spiegel, dann wieder auf Sarahs Gesicht, schloß traurig die Augen, um sich gleich darauf erneut schüchtern ihrer Freundin zuzuwenden. Sarahs Hand wanderte über die Brust hinauf, verharrte einen Moment auf den sich erhärtenden rosa Knospen, umspielte sie mit ihren schmalen Fingerspitzen.

Vorsichtig hauchte Sarah ihr einen Kuß auf die Schulter. Christine mußte lachen und drehte den Kopf, um ihre Freundin direkt anzusehen. Zärtlich legte sie ihr Haupt gegen das ihre.

»Gestern nacht«, erzählte sie, »war es wieder das gleiche. Als ich abends ins Bett wollte, übte Roderick noch im Schlafzimmer halbnackt auf seinem *Didgeridoo.*

›Kannst du woanders spielen?‹ habe ich ihn gefragt.

›Ich habe auf dich gewartet.‹

›Wozu?‹

›Wozu? Liebe machen.‹

›Mit wem denn?‹ Ich hängte meine Sachen auf einen Bügel und wollte ins Bett.

›Hast du keine Lust?‹

Allmählich wurde ich wütend. Er kapiert nicht,

worum es mir geht. Er hört nicht zu, wenn ich ihm irgend etwas erzähle, reagiert nicht mehr auf mich, wenn ich ihm eine Frage stelle, denkt nicht für einen Funken nach!

›Antworte auf meine Frage! Mit wem willst du schlafen? Mit deiner pflichtbewußten Frau oder mit deiner Geliebten?‹

Er lag unbefangen auf dem großen Sitzkissen und schaute mich selbstgefällig an.

›Ich liebe dich zufällig‹, meinte er.

›Ja, das sagst du. Aber ob du mich magst?‹

Ich ging ins Bett und legte meine Armbanduhr ab. Vielleicht war Roderick ein wenig irritiert, als er sich neben mich legte. Er wirkte zerknirscht und schmiegte sich traurig an mich. Wir waren beide nicht glücklich mit dieser Situation.

Die ganze Beziehung ist völlig verfahren.

›Weißt du eigentlich, daß du eine sehr sinnliche Frau bist?‹ fragte er mit einer Stimme, die er wahrscheinlich für erotisch hielt, und fuhr mit der Hand unter mein T-Shirt. Zögernd arbeitete er sich zu meiner Brust hoch und streichelte mich.

Ich mußte wider Willen lachen: ›Wo hast du denn das entdeckt?‹

Nichts hatte er entdeckt, es war einer seiner Sprüche, um mich rumzukriegen, das war alles. Ich weiß nicht, wie ich es beschreiben soll. Seine

Berührungen haben nichts Erotisches mehr, sie sind technisch, zielen nur darauf ab, mich möglichst schnell heißzumachen. Aber er begreift nicht, daß mich das schon lange nicht mehr anmacht, wenn er so berechnend an mir herumgrabbelt.

›Komm schon, Christine. Du weißt, was ich meine‹, sagte er.

Seine Hand machte sich an meinem anderen Busen zu schaffen. Ich schob die Hand weg und zog mein Sweatshirt glatt, in der Hoffnung, ihn auf diese Art zu vertreiben.

›Ich brauche meinen Schlaf.‹

Mißmutig sah er mich an.

›Darf ich dich anfassen?‹

›Du hast doch sonst nie gefragt.‹

Ich drehte ihm den Rücken zu und schloß demonstrativ die Augen. Aber es half nichts.

›Schlafen wir miteinander?‹

›Mach, was du willst. Mir ist nicht danach.‹

Er stöhnte affektiert in mein Ohr und schob mir das Sweatshirt den Rücken hinauf und über die Schulter. Der Versuch, es mir ganz vom Körper zu streifen, scheiterte. Ich machte keine Anstalten, ihm behilflich zu sein, sondern drückte meine Hände nur noch fester auf die Matratze. So begnügte er sich damit, mir das Shirt so weit über die Arme zu streifen, daß er ungehindert an meine Brust herankam.

Ich schloß die Augen, während er sich über meine Seite beugte und gierig mit seinen spröden Lippen meine Haut küßte. Sein Atem ging heftig, er preßte seinen Mund auf meinen Körper und bedeckte Taille, Rippen und Schultern mit seinen nassen, schmatzenden Küssen, fuhr aufwärts zum Ohr, hauchte seinen heißen Atem auf meine Schultern und glitt dann geräuschvoll mein Rückgrat runter zum Po.
Hinter seinen Liebkosungen spürte ich bitter den Wunsch, mich meiner Lustlosigkeit zum Trotz herumzubekommen. Er war derart überzeugt von seinen Verführungskünsten, daß mir fast schlecht wurde. Kann er nicht akzeptieren, wenn ich müde bin? Vielleicht möchte er mir ja wirklich etwas Gutes tun damit. Aber er fragt mich nie, wonach mir ist, setzt immer voraus, er wisse schon, was mir gefalle. Er ist so gottverdammt selbstgefällig.«
Christine war den Tränen nahe. Nur zu gut konnte Sarah nachvollziehen, wie es ihrer jungen Freundin ging. Früher hatte sie selbst sich mit Beziehungen gequält, deren erotische Kraft im Laufe der Zeit von der Alltäglichkeit aufgezehrt wurde.
Nachdem sie mit mehreren festen Partnern diese desillusionierende Erfahrung geteilt hatte, beschloß sie, ihre kreative Energie lieber in die Malerei zu stecken und sich von ihr beflügeln zu

lassen. Das hieß nicht, sie verzichtete in der Folgezeit auf sexuelle Begegnungen, doch war sie nicht mehr bereit, für diese ihre Freiheit zu opfern.
Sicher, ihre Rolle als ewige Geliebte behagte ihr nicht. Zu klar war ihr ihre Funktion als Zweitfrau, als daß sie ganz in ihr hätte aufgehen können. Für sie war es lediglich das kleinere Übel, ein Kompromiß mit dem Lebensstil, den sie für sich zu entwickeln versuchte.
Immerhin konnte sie die gemeinsame Sexualität mit Stewart, ihrem derzeitigen Lover, in vollen Zügen genießen, da ihr jegliche Gewohnheit abging. Erst gestern wieder hatte er sie besucht. Sie stand vor der Staffelei, als es wie wild an ihrer Haustür klopfte. Verwundert legte sie ihre Palette auf den Tisch und lugte um die Ecke, um zu sehen, wer für den Lärm verantwortlich war. So vollständig war sie in ihr neues Bild versunken gewesen, daß sie einen Moment brauchte, um sich an ihre Verabredung mit ihm zu erinnern. Ihr Gesicht hellte sich auf, dann begann sie zu laufen.
»Komm rein.«
»Ich habe nicht viel Zeit«, begrüßte er sie und begann nach einem kurzen, leidenschaftlichen Kuß ohne viele Umschweife ihre Bluse zu öffnen. Andächtig streifte er ihr das Kleidungsstück vom Körper. Sarah, die weder Unterhemd

noch BH trug, hatte nichts dagegen. Sie mochte ihren Körper und fühlte sich wohl mit ihm. Noch immer fand Stewart ihn derart begehrenswert, daß er sich auf ihn stürzte, kaum hatte er die Wohnung betreten. Sie war frei, ihn gewähren zu lassen, und sie liebte seine ungestüme, wilde Art, die nichts von Konventionen hielt und das Leben und die Liebe zu feiern verstand.

»Wie geht's deiner Frau?«

»Sie läßt dich grüßen.«

Heftig preßte sie ihre Lippen auf die seinen, genoß es, als er mit seinem Mund ihren Hals hinunterfuhr und sein Gesicht sehnsüchtig zwischen ihren weichen Brüsten vergrub. Sie trennten sich voneinander, um ins Schlafzimmer zu gehen. Auf dem Weg durch den Flur kamen sie am Faxgerät vorbei, das in diesem Augenblick zu drucken begann.

»Warte einen Augenblick«, sagte Sarah und kniete sich vor das Gerät. »Es ist Claude.«

Stewart hockte sich zu ihr und begann, den Text laut vorzulesen.

»Liebe Sarah. Die meisten von uns ignorieren die innere Welt und beten die äußere an. Auf diese Art verschwenden wir all unsere Kräfte, die wir besitzen. Selbsterforschung, Selbstverwirklichung und genaue Selbstbeobachtung machen uns bewußt, wie dringend nötig es ist, uns selbst zu verändern. Indem ich mich gewissenhaft selbst beobachtet habe, drang ein Lichtstrahl durch mein inneres Selbst.«

Sarah schmiegte sich an Stewart und küßte liebevoll seine Schulter. Spielerisch begann sie, ihn auszuziehen. Sie stellte sich hinter ihn und löste vorsichtig seine Krawatte. Er griff nach ihr, um sie zu umfassen. Sie mochte es, wenn er ihre Nähe suchte. Erregt zog sie ihm sein Jakkett aus. Er ließ es geschehen, immer noch in den Text vertieft.

»Du hast mir geholfen«, las er weiter. »Dies sind mentale Skizzen, nicht von Details, sondern vom Ganzen, so wie ich es sehe. Bitte, betrachte sie ohne Vorurteil, gib dich ihnen hin und schikke mir deine Antwort, Claude.«

Sarah machte sich nun an Stewarts Hemd zu schaffen und öffnete, immer noch hinter und halb über ihm stehend, die Knöpfe. Nach und nach enthüllte sie so seine behaarte Brust und seinen für sein Alter erstaunlich straffen Bauch. Sie zerrte ihm das Hemd aus der Hose und streifte es ihm von seinem muskulösen Körper. Zärtlich fuhr sie ihm über das Schlüsselbein und umarmte ihn.

Eine riesige, mit raschen Kohlestrichen skizzierte Vulva tickerte aus dem Faxgerät.

»Das ist ja direkt aus den Satanischen Versen«, höhnte Stewart. Er kniete sich vor Sarah. Ver-

liebt schaute er zu ihr hinauf, senkte seinen Blick für einen Moment zu den spitzen, ein wenig gespreizten Brüsten, die direkt vor seiner Nase tanzten, und legte dann seinen Kopf in den Nacken, um sich in Sarahs Lächeln zu sonnen. Seine Hände tasteten sich hinter ihre schlanke Taille und hakten ihren schwarzen Rock auf. Zärtlich legte er seine Handflächen auf ihre Hüften und zog den Rock langsam herunter. Erregt fühlte sie, wie der Stoff ihr über Po und Scham glitt und nach und nach ihren sinnlichen Körper bloßlegte. Sie stand nun nackt vor ihm. Er grub sein Gesicht in ihr weiches Fleisch, sog ihren süßen Duft in sich auf. Warm spürte sie seinen Atem auf ihrer Haut. Sie schauderte. Langsam, Schritt für Schritt, wich sie zurück. Nur mit seinen großen, weißen Boxershorts bekleidet robbte er auf Knien hinter ihr her, beschwörend seine Hände hebend: »Toulouse or not Tou-louse«, deklamierte er mit düsterer Stimme, während das Faxgerät weiter Zeichnungen ausratterte, die Claude am anderen Ende der Stadt in die Leitung speiste.
Stewart war ein liebenswerter Spinner. Sie kniete sich auf den kühlen Fußboden zu ihm hin, bedeckte sein leicht nach Menthol duftendes Haupt mit Küssen und streifte mit ihren flachen Händen seine Shorts vom Körper.
Immer noch tickerte das Faxgerät. Claude hatte

der Vulva, die gerade aus dem Gerät geworfen wurde, eine hochaufgerichtete Klitoris gemalt, die wie ein spitzer Dorn den Eingang der schwarzen Höhle vor Eindringlingen sicherte.

Stewart nahm Sarah auf dem Fußboden. Sie räkelte sich glücklich unter seinen begehrlichen Küssen, mit denen er ihren Hals und die Brust bedeckte, und fuhr mit ihren Händen glücklich durch seine kurzen Haare. Sie rollten sich über das kühle Holz des Parketts, ohne voneinander zu lassen, ohne sich aus der Umarmung zu lösen, immer erhitzter, immer lauter wurden ihre Seufzer. Unterdessen tickerten aus dem Faxgerät unaufhörlich Claudes impressionistische Vulva-Skizzen.

Das war gestern gewesen.

Nachdenklich sah sie Christine an.

»Hast du Lust, über das Wochenende mit in mein Landhaus zu fahren? Vielleicht würde es dir guttun, mal ein wenig aus der Stadt rauszukommen und Roderick für zwei Tage zu vergessen.«

Christine zögerte einen Augenblick.

»Das würde ihm gar nicht gefallen.« Wider Willen mußte sie bei dem Gedanken schmunzeln. Entschlossen nickte sie.

»Ja, gern.«

Die erwartete Szene blieb tatsächlich nicht aus.

Als Sarah am nächsten Tag hupend vor Christines Wohnung hielt, mußte sie miterleben, wie Christine mit einem verärgerten Abschiedsgruß die Haustür hinter sich zuwarf.
»Was ist denn mit dir los?« fragte sie.
»Ach, er ist wütend, daß ich das Wochenende mit dir verbringe. Er wollte deine Telefonnummer.«
Aufgebracht zog Christine an ihrem Sicherheitsgurt, der ob ihrer ruckhaften Bewegungen gar nicht daran dachte, sich auszurollen.
»Hast du sie ihm gegeben?
»Ja, leider. Es ging nicht anders.«
»Das macht doch nichts. Ich habe auf eins von Claudes verzweifelten Faxen geantwortet und erwähnt, daß ich zwei Tage wegfahre. Er hat mir glatt mit Selbstmord gedroht, wenn ich ihm nicht die Nummer gebe.«
»Mein Gott, die können einen nie in Ruhe lassen.«
»Stewart ist da ganz anders. Ich mag ihn. Eigentlich sehe ich ihn kaum. Das hilft eine ganze Menge.«
Sie hielten an einer Tankstelle. Eine junge Frau im ärmellosen, weißen Unterhemd und Latzhose kam auf sie zu. Sie hatte ihre langen, blonden Haare mit einem Haarband zu einem Pferdeschwanz gebunden und trug auf ihrem Kopf eine Schirmmütze aus Jeansstoff. Lässig kaute

sie auf einem Kaugummi herum, während sie zu den beiden an den Wagen trat.
»Einmal volltanken, bitte.«
»Luft, Scheiben wischen ...?«
»Ja.« Sarah wandte sich wieder Christine zu. »Wenn du es nur alle zwei Wochen machst, hast du genug Zeit, dir neue Stellungen auszudenken.«
Sie lachten.
»Und wie hat die erste Stellung ausgesehen?«
»Er hat uns unsere erste Stellung bei einer Vernissage prophezeit. Nein, ich war das.«
»Du hast ihn angemacht?«
»Mhm. Ich kannte ihn schon seit Jahren. Wir haben immer über die gleichen Sachen gelacht. Darum habe ich eines Tages gesagt, das ist doch albern, warum machen wir es nicht einfach.«
Sarahs Blick fiel auf die Tankfrau, die sich mit dem Luftdruckprüfer an dem Vorderreifen zu schaffen machte. Ihre leicht muskulösen Oberarme, die Schultern und selbst der Ansatz ihrer Brust waren mit Drachen und Herzen tätowiert. Durch den Armausschnitt konnte Sarah ihren durch die gebückte Haltung freischwebenden Busen sehen, der an der Oberseite von der Sonne gegerbt, an der Unterseite aber von rosiger, verletzlicher Blässe war.
»Und wie hat er reagiert?«
»Er hat seinen Terminkalender rausgeholt und

gesagt, ›Mal sehn, wo wir dich einschieben können. Mhm, Donnerstag morgen? Elf Uhr fünfzehn? Bei dir?‹ Der Rest ist Geschichte.«

Vergnügt lachten beide auf.

Nach einer Stunde Fahrt kamen sie am Landhaus an. Es lag inmitten der Dandenong Ranges, einer waldreichen Bergregion im Osten von Melbourne. Als sie das Haus betraten, befand sich in Sarahs Faxgerät bereits eine Nachricht von Claude.

»Hör dir das an: ›Wo Ekstase ist, ist das Schöpferische. Wo keine Ekstase ist ...«

Christine nahm ihr das Fax aus der Hand und las weiter: »...wird nichts erdacht. In der Unendlichkeit liegt die Ekstase. Keine Ekstase in der Begrenztheit. Dein Claude‹.« Sie gab Sarah einen theatralischen Kuß auf die Wange. »Dein Lover. Schickst du eine Antwort?«

»Nein, Antworten erwartet er nicht von mir. Ich soll bloß da sein. Wenn es ihm hilft, warum nicht?«

»Er paßt zu Roderick«, fand Christine.

Das Telefon klingelte. Sarah nahm den Hörer vom Wandhalter und meldete sich. Am anderen Ende der Leitung hörte sie Rodericks aufgebrachte Stimme.

»Ja, einen Moment bitte.« Schmunzelnd reichte sie ihn weiter. Christine wurde ernst.

»Natürlich bin ich gut angekommen«, grummel-

te sie in den Apparat. »Wir sind doch hier, oder? ... Ja, wir sind allein! ... Und was hast du vor? ... Das ist nicht meine Schuld. Ja, ich habe dir doch gesagt, daß wir Sonntag abend nach Hause kommen. Ich weiß nicht genau, wann ... Ja, okay, okay. Bis dann.« Sie legte den Hörer auf, und ihre Laune besserte sich sofort.
»Er dreht total durch ... Kann ich dir denn irgendwie helfen?«
»Oh, entspann dich einfach.«
Doch Christine ließ sich nicht so leicht abschütteln. Sie lief hinter ihrer Freundin her und hängte sich an ihre Taille. Mit gespieltem Ärger schmiß Sarah sie aus der Küche.
»Verschwinde, ich mache uns einen Kaffee.«
Der Anblick des Gartens ließ Christines Stimmung weiter steigen. Sie reckte sich ausgiebig und machte ein paar Luftsprünge, die sie mit lauten Juchzern untermalte. Sarah sah ihr amüsiert nach.
Inmitten eines großen Hundskamillenfeldes fand Christine ein Trampolin. Ausgelassen probierte sie es aus. Ein paarmal ließ sie sich mit dem Po auf das Sprungtuch fallen, dann versuchte sie sich im Hochsprung. Ausgelassen schnellte sie in die Luft, wieder und wieder, immer höher, angestachelt durch den federnden Untergrund. Schließlich ließ sie sich fallen und legte sich entspannt auf das Tuch.

Sarah beobachtete sie eine Weile durch das Küchenfenster, dann kam sie ebenfalls heraus. Sie hob einen imaginären Ball vom Boden und warf ihn zu Christine hinüber.
»Fang ihn!«
Christine richtete sich auf und schaute sich zu ihr um. Sarah sprang ihrem nicht vorhandenen Ball hinterher und sammelte ihn vom Rasen auf. Erneut warf sie ihn zu Christine. Nun begriff diese ihr Spiel. Sie sprang vom Trampolin und jagte Sarah hinterher, den Ball drohend erhoben, als wolle sie ihn mit voller Wucht gegen ihre Freundin schleudern. Sarah wich zurück. So tollten sie eine Weile über die Wiese, bis sie an ein Gatter kamen.
Auf der Koppel tobten zwei junge Wildpferde über das Gras, galoppierten um einen kleinen Teich herum auf eine Herde aufgeregt muhender Kühe zu.
»Ich möchte die Pferde streicheln«, rief Christine.
»Na los!«
»Ich habe Angst.«
Als die Tiere sich zur Tränke bewegten, kletterten Sarah und Christine über das Tor und näherten sich ihnen vorsichtig. Im wilden Galopp liefen die Pferde davon, wobei der Braune in übermütige Sprünge ausbrach. Einen Moment lang rannten die beiden Frauen ihnen

hinterher, doch als die Tiere ihre Richtung wechselten und auf sie zukamen, liefen sie genauso schnell fort und retteten sich lachend, indem sie auf die andere Seite des schützenden Lattenzauns kletterten. Sie merkten kaum, wie die Zeit verging. Erst als sich die Sonne langsam hinter den Hügeln neigte, kehrten sie ins Haus zurück.

Sarah hatte den Kamin angezündet und sich nach dem Duschen in eine Decke gehüllt und vor das Feuer gelegt. Sie hatte Mozarts Violinkonzert No. 3 aufgelegt und lauschte den sanft dahinschwebenden Klängen der Geigen, während sie auf Christine wartete, die noch immer unter der Brause stand.

Es dauerte nicht lange, bis ihre junge Freundin in ein riesiges Badelaken gewickelt zu ihr kam und sich auf den weichen Sessel setzte, der am Kamin stand. Neben dem Sessel fand sie ein volles Weinglas.

»Ist das meins?«

Sarah bejahte.

Christine nahm das Glas und machte es sich gemütlich. »Es ist nicht leicht, loszulassen«, sagte sie unvermittelt.

»Nein, das ist es nicht. Aber niemand kann dir raten, wie dein Liebesleben aussehen soll. Ich kann dir nur sagen: Wenn du nicht glücklich bist und es schon lange nicht mehr warst, mußt du was ändern.«

»Ja, ich weiß. Es ist alles so langweilig.«
Sarah fuhr mit den Fingern über Christines Gesicht und zog deren Mundwinkel nach oben, um sie zu einem Schmunzeln zu überreden. Christine lächelte. Vorsichtig ergriff Sarah ihre Hände.
»Die sind ja ganz kalt.«
»Ich weiß. Ich friere.«
»Komm näher ans Feuer.«
Christine setzte sich zu Sarah auf die Decke direkt vor dem Kamin und goß ihrer Freundin und sich Wein nach. Sehnsüchtig streckte sie ihre Hände gen Flammen, um sich von dem Feuer wärmen zu lassen, das träge seine Hitze in den Raum verströmte. Sarah griff liebevoll Christines Arm und rieb mit ihrer Hand über die kalte Haut. Christine beugte sich ein wenig vor, so daß Sarah auch ihren nackten Rücken massieren konnte. Also stellte Sarah ihr Weinglas zur Seite und kniete sich hinter sie. Sanft begann sie, mit den Fingern ihre Schultern durchzukneten. Christine war verspannt. Sarah strich mit ihren Daumen Christines Rücken hinunter und drückte sie entlang der Schulterblätter wieder hinauf zum Halswirbel. Christine seufzte leise. Sie legte sich auf das Kissen, auf dem zuvor Sarah gesessen hatte. Diese wiederholte den Griff und preßte ihre Daumen auf die verhärteten Muskelstränge.

Das Feuer im Kamin knackte und warf sein rötliches Licht auf Christines nackten Oberkörper. Takako Nishizaki strich auf seiner Violine gefühlvoll Mozarts Andante, und Sarahs Hände fuhren liebkosend über Christine, die sich zunehmend entspannte.

Sarah hatte alles vorbereitet, um den Abend für Christine zu einem schönen Erlebnis werden zu lassen. Sie nahm ein Fläschchen mit Massageöl, das neben dem Kamin stand, und ließ einige Tropfen der viskosen Flüssigkeit zwischen Christines Schulterblätter träufeln, von wo sich das kühle Naß langsam seinen Weg in Richtung Nacken bahnte. Kurz bevor es den Hals hinunterrann, griffen Sarahs Finger zu und verteilten das Öl gleichmäßig mit sanftem Strich über Christines Oberkörper. Ihre Fingerspitzen suchten die Rillen zu Seiten der Wirbelsäule und glitten mit leichtem Druck in ihnen abwärts. In der Taille trennten sie sich wieder und drängten fest nach oben, als wollten sie ihre Haut hinauf zum Kopf schieben. Nachdem sie diese Bewegung mehrmals wiederholt hatte, strich sie mit den Daumen die Rippenbögen entlang.

Sarah merkte, wie sich durch die rhythmischen Bewegungen der Massage ihr Badetuch lockerte und langsam immer mehr ihrer Brüste freigab, bis es schließlich gänzlich zu Boden sank.

Einen Moment wollte sie dem spontanen Impuls folgen, den Körperkontakt zu Christine zu unterbrechen, um das Tuch wieder festzubinden, ließ es aber geschehen, um nicht lächerlich zu wirken. Es war Teil ihrer mühsam errungenen inneren Freiheit, die Angst vor der eigenen Körperlichkeit überwunden zu haben. Genau dieses Selbstbewußtsein war es, das sie sich für Christine wünschte. Vorsichtig streifte sie deren Badelaken von Po und Beinen, um ihre Massage fortzusetzen. Christine kratzte sich verlegen mit dem großen Zeh die Sohle des anderen Fußes.

Sarah goß Massageöl auf ihre schmalen Pobakken und ließ das kühle Öl sich seinen Weg in die glatte Furche bahnen. Sie begann, die Backen mit gleichmäßigen, festen Griffen zu kneten. Dann wieder lockerte sie ihren Griff und ließ mit ihrer flachen Hand die Gesäßhälften vibrieren. Sie fuhr mit den Handballen über Christines gesamten Oberkörper, von den Lenden bis zu den Schultern hinauf. Mit festem Druck glitten die Ballen über die Seiten des Rumpfes. Die Spitzen ihrer Finger suchten sich ihren Weg unter den Körper und berührten leicht die Seiten der Brüste.

Einen Moment lang hielt Sarah inne und ließ ihren Blick über Christines schutzlos preisgegebenen Rücken gleiten. Wie unschuldig sah sie aus, während sie den sanften Berührungen der Massage nachspürte. Sarah überflutete eine Welle von Zärtlichkeit für dieses junge Mädchen. Sie wollte ihr nah sein, ihren Körper dicht bei sich spüren. Vorsichtig beugte sie ihren Oberkörper vor, schmiegte sich an sie und begann, sanft ihren Nacken zu massieren. Sie spürte, wie Christines Körper sich mit jedem Atemzug hob und senkte. Für eine Weile, während das Feuer im Kamin leise knackte, waren die beiden in ihrer Umarmung eins geworden.

Früh am nächsten Morgen bahnten sich die Strahlen der aufgehenden Sonne ihren Weg auf die Gesichter der beiden friedlich in ihrem Bett schlafenden Frauen. Traumtrunken blinzelte Christine und brauchte einen Moment, um sich zu erinnern, wo sie sich befand. Der Blick aus dem offenen Fenster in die hügelige Landschaft ließ sie ihre Müdigkeit schnell vergessen. Auf der Koppel unterhalb des Hauses galoppierten bereits die Pferde. Christine zog ihr Kleid an und ging nach draußen auf die Veranda. Die Luft war noch frisch und kühl, doch begann die Sonne bereits mit ihren warmen Strahlen den Tag zu erobern. Fröhlich stapfte Christine die Holztreppe hinunter zum Weg, der zur Koppel führte. Der weiche, feuchte Boden ließ ihre

nackten Füße einsinken, und sie entschied sich, durch das nasse Gras neben dem Weg zu laufen. An der Koppel angekommen, kletterte sie über das Gatter auf die Tiere zu. Die Lebenslust packte sie, und sie begann in ihrem aufkeimenden Glück zu laufen und zu springen. Sie rief den Pferden ein fröhliches »Guten Morgen!« zu und hüpfte ihnen mit weit ausgebreiteten Armen entgegen.
Sarah war inzwischen ebenfalls aufgestanden und sah dem Treiben aus dem Fenster zu. Sie freute sich für Christine, doch wußte sie auch, daß ihr Alltag anders aussah und Christine nur wenig Gelegenheit finden würde, sich wirklich auszuleben. Nachdenklich ging sie zum Kühlschrank und holte sich eine Flasche Orangensaft aus dem Getränkefach. Sie schenkte sich ein Glas ein und nahm einen großen Schluck. Ihr Blick fiel auf einen Teller mit Erdbeeren. Sie überlegte einen Moment. Das war genau das, worauf sie jetzt Lust hatte. Sie nahm sich eine der Früchte und biß genießerisch hinein. Wieder richtete sie ihren Blick auf die Weide vor dem Fenster. Christine war verschwunden.
Eine halbe Stunde später tauchte sie bei Sarah in der Küche auf. Augenscheinlich war sie beim Toben auf der nassen Koppel ins Schlittern gekommen und hatte sich in den Matsch gelegt.

»Ich bin ausgerutscht, zwei Mal«, erzählte sie freudig. »Ich brauche dringend eine Dusche.«
Sarah mußte über ihre ausgelassene Art schmunzeln. Wäre Christine dasselbe wenige Tage zuvor in Melbourne passiert, es wäre ihr wahrscheinlich furchtbar peinlich gewesen. Nun lachte sie bereits darüber. Ihre junge Freundin hatte sich in in den wenigen Stunden, die sie hier war, verändert, war nicht mehr so auf das fixiert, was andere von ihr dachten, tat, worauf sie Lust hatte, selbstbestimmter, freier als in der Stadt.
»Komm her! Schön stillstehen«, forderte Sarah sie auf, nahm zärtlich ihren Kopf, um sich das Desaster aus der Nähe anzusehen. Stolz reckte Christine ihr ihren Hals entgegen. Auch er war völlig mit Schlamm bedeckt.
Sie hatte sich bereits für die Dusche ein Handtuch mitgebracht. Sarah nahm es ihr aus der Hand. Sie wollte teilhaben an ihr, ihr noch eine Erfahrung mit auf den Weg geben in ihren grauen Alltag mit Roderick. Nie wieder sollte sie sich ihres Körpers schämen, wenn sie für Sarahs Schüler Modell stand.
Sie ging zum Waschbecken, griff sich einen Schwamm und füllte eine große Plastikschüssel mit warmen Wasser. Christine kratzte sich verlegen am Mundwinkel. Sie ahnte wohl, was Sarah zu tun beabsichtigte. Wann war sie in

ihrer Beziehung zu Roderick das letzte Mal einfach nur vollkommen passiv in der Position der Nehmenden gewesen?
In stiller Übereinkunft sahen sie sich einen Moment in die Augen. Christine war bereit, sich auf das Kommende einzulassen. Also tauchte Sarah den Schwamm in die Schüssel und begann, Christines mit schwarzen Spritzern bedecktes Gesicht vom Schlamm zu befreien. Sie schloß lachend die Augen, während Sarah ihr über Stirn und Wangen tupfte und dann sanft ihr Kinn abrieb. Behutsam löste Sarah den Knoten von Christines schulterfreiem Kleid. Der Stoff, nun seines Haltes beraubt, sank langsam zu Boden. Irritiert sah Christine ihm nach. Sie stand jetzt nackt vor ihrer Freundin. Sarah rieb ihr die Schultern und die Oberseite der Brüste ab und widmete sich dann ihren Armen, die sie mit langen Strichen immer wieder herabfuhr.
Christine wirkte nicht so, als habe sie von Roderick jemals eine derart liebevolle Behandlung erfahren. Eine leichte Gänsehaut breitete sich auf ihrem Körper aus. Konnte sie es annehmen, einmal ohne Hintergedanken umsorgt zu werden? Sie schaute Sarah aus halb geschlossenen Augen an und schien ihre Unsicherheit mit einem Lächeln überspielen zu wollen, als habe sie in Wirklichkeit Angst, ihre Empfindungen

zuzulassen. Aber als Sarah nicht auf ihren kleinen *Fluchtversuch* einging, wurde auch sie ernst und ließ es geschehen.

Mehrmals strich der Schwamm über ihr Schlüsselbein. Sie schauderte. Sarah merkte, wie ihre Brustspitzen immer härter wurden, und zögerte einen Moment. Ging sie zu weit? Es war gut so, sagte sie sich. Wenn Christine in der Lage war, ihre eigenen Gefühle zu akzeptieren und sich von den Berührungen erregen zu lassen, hatte sie den Zugang zu ihrem Selbstbewußtsein zurückgewonnen.

Sie ließ den Schwamm durch das Tal zwischen Christines Brüsten hinab zum Bauch gleiten, fuhr vorsichtig von unten ihre weichen Hügel hinauf. Mit sanften Strichen begann sie, ihre erblühten Spitzen zu benetzen, welche sich unter dem milden Druck widerstrebend zur Seite bogen. Selbst ihr Hals reagierte diesmal sensibler auf die Berührungen. Ihrem leicht geöffneten Mund nach zu urteilen genoß Christine jeden Strich, der ihre schlanke Kehle hinabfuhr. Sie hatte sich endlich losgelassen und konnte sich ihrer Erregung ohne Angst vor Sarahs vermeintlichen Reaktionen hingeben. Sarah betrachtete ihr offenes Gesicht, und als Christine wieder ihre Augen öffnete, lag etwas Neues in ihrem Blick. Sie versteckte ihre Empfindungen nicht mehr vor ihrer Freundin; zwi-

schen ihnen begann ein stilles Einverständnis zu fließen.
Noch einmal tauchte Sarah den Schwamm ins Wasser, um damit Christines Hände zu benetzen, dann hockte sie sich vor sie und zog ihr ihre Socken aus. Sanft fuhr sie über ihre Schenkel zum ledrigen Spann, zu den Fußspitzen, säuberte die kleinen Zwischenräume der Zehen, wischte über den leicht geröteten Ballen und die helle Ferse. Christine ließ es geschehen und schaute versonnen zu ihr hinab. Zärtlich begann sie, Sarah durch die Haare zu streichen.
In diesem Augenblick klingelte das Telefon. Keiner von beiden reagierte darauf. Das Faxgerät begann zu rattern. Sarah erhob sich und blickte ihrer Freundin einen Augenblick lang in die Augen. Hatte Christine wohl verstanden, was sie gerade getan hatte? Sie legte ihren Kopf vertraulich auf Christines Schultern. Diese Intimität konnte ihnen keiner mehr nehmen, kein eifersüchtiger Roderick, kein vielbeschäftigter Stewart. Neugierig begaben sie sich zum Gerät. Es war eine Nachricht von Claude, die mit einer seiner kunstvoll verschnörkelten Vulvas verziert war.
»Laßt uns das Vollkommene ernst nehmen«, lasen sie gemeinsam. »Wir müssen daran fest glauben. Laßt uns frei sein. Denn wir sind alle schön erschaffen. So oder so. Trotz all unserer

Zweifel müssen wir an die Schöpfung und den Akt der Liebe glauben. Claude.«
Hatte er, bei aller Verschrobenheit, am Ende recht mit seinen Texten? Christine für ihren Teil hatte hier, in der Wildnis der Dandenong Ranges, zu ihrer Natürlichkeit zurückgefunden. Sie hatte die Angst vor ihrer eigenen Sinnlichkeit und Freiheit abgestreift.

Die Himmelspforte

Im Lande Rajasthan regierte einst ein König mit Namen Kuntibhoja, der hatte eine Tochter, die war gar himmlisch anzuschauen, von liebreizender Gestalt und natürlicher Anmut. Kurangi war ihr Name.

Kurangi besaß einen Papagei, der inmitten ihres Zimmers in einem gläsernen Käfig hockte und interessiert jeden ihrer Schritte beobachtete. Sie liebte dieses Tier und ließ ihm allerlei Lekkerbissen zukommen. Er unterwies sie dafür in der Liebeskunst, erzählte ihr allerlei erotische Geschichten und besaß die Gabe der Divination. Oft berichtete er ihr von ihrem zukünftigen Gemahl, Ratnasen mit Namen. Der war Sohn des Königs von Cittaur, durch einen Fluch jedoch in einen »Hundeesser« verwandelt, das heißt, zu einem Angehörigen der niedersten Kaste gemacht, reich, aber unberührbar.

Eines Morgens, gerade hatte sie sich von ihrem Lager erhoben, um an einer Schüssel ihren ebenmäßigen Körper zu waschen und ihrem Gesicht mit Kurkuma eine angenehme Farbe zu verleihen, hörte Kurangi den Papagei ihren Namen rufen. Das Wasser in der Schüssel war erst kurz zuvor von einem Diener aus der Tiefe des Brunnens geholt worden und sehr kalt. Eisige Tropfen rannen ihr langsam über das Kinn, die Kehle hinunter, in ihre feingeschwungene Drosselgrube. Schließlich verfingen sie sich in ihren nassen, vollen Haaren, die schwarzglänzend über ihre sandelholzbraunen Schultern fielen, sich ihrem Körper anschmiegten und ihre empfindsamen Brüste feucht umhüllten wie die Hand eines zärtlichen, aber aufgeregten Liebhabers. Kurangi schauderte. Eine leichte, prickelnde Gänsehaut bemächtigte sich ihrer. Sie schloß die Augen und saugte durch ihre zitternden Lippen die frische Morgenluft in sich auf.

»Niku. Niku. Komm zu mir, komm zu mir.«

Mit festen Strichen verteilte sie das Kurkuma in ihrem feuchten Gesicht. Neugierig ging sie auf den Käfig zu. Hiraman, so der Name des Papageien, lief ungeduldig hinter den Stäben auf und ab.

»Was?« fragte sie und blickte den Vogel lachend an.

»Zu mir, zu mir«, drängte er.

Sie schenkte ihm einen tiefen, kokettierenden

Blick ihrer strahlenden Augen, als wäre er ein geliebter Mensch, den sie mit ihrem weiblichen Charme spielerisch zu umwerben suchte. Für einen Moment unterbrach der Vogel seinen Tanz und wurde ruhig, dann aber begann er von neuem zu plappern.

»Öffne die Lippen. Zeig sie ihm. Du hast vor Kummer fast kein Gesicht.«

Kurangis Lächeln verschwand augenblicklich. Längst war sie im heiratsfähigen Alter, doch hatte bisher noch kein Verehrer gewagt, sie zu freien, denn ihr Vater war streng und und im ganzen Lande gefürchtet. Sie sehnte sich nach Ratnasen, dem Jüngling, von dem der Vogel ihr immer wieder berichtete, und träumte gar manche Nacht von ihm. Doch wie sollte sie, eine Kschatrija, deren Kaste gleich unter der der Brahmanen, der Priester stand, sich mit einem Tschandala einlassen, einem Unberührbaren? Tiefe Traurigkeit umhüllte sie.

Hiraman bemerkte das Kurkuma auf ihrem Gesicht.

»Du kannst ihn trotzdem küssen. Küsse Ratnasen.«

Sie schaute aus dem Fenster in die Ferne. Nachdenklich hob sie ihre Brauen. Allein die Erzählungen des Vogels ließen sie diesen jungen Mann, den sie noch nie gesehen hatte, leidenschaftlich lieben.

»Spitz den Mund. Du kannst Ratnasen küssen. Mußt nur den Mund spitzen. Dann geht es.«
In diesem Augenblick stieg leise König Kuntibhoja die Treppe zu ihrem Gemach hinauf. Er trug einen goldenen Kaftan und hatte in seinem Gürtel einen scharfgeschliffenen Dolch stekken. Schon seit langem waren ihm die Reden des Vogel, die ihm zu vulgär für die Ohren seiner Tochter zu sein schienen, ein Dorn im Auge. So trachtete er danach, das Tier zu töten.
Doch der Papagei, der ihn nicht bemerkt hatte, plapperte munter weiter.
»Du hast eine gelbe Nase von Kurkuma. Eine gelbe Stirn. Aber du berührst ja sein Gesicht gar nicht. Keine Spur. Auf deinen Lippen hast du kein Kurkuma. Also küß' ihn, also küß' ihn. Wirre Kurangi. Das Haar ganz aufgelöst, der Scheitel ganz wirr. Halsketten, Armringe, Fußreifen in tausend Stücke gebrochen. Ihre Kleider herabgefallen, die Nähte ihres Hemdes zerrissen. Kennt sich gut aus im Liebesspiel. An jeder Stelle ihres Körpers hat sie ihren eigenen Duft. Eine ungeschickte Frau riecht überall gleich, überall gleich. Wie langweilig. Kein scharfer Nachgeschmack auf ihren Schultern, nichts Süßes auf ihren Lippen. Die Brüste ohne bittere Überraschung. Kein salziger Schweiß auf ihren Brauen.«
Mit dem Dolch in der Hand und wütende Flü-

che ausstoßend näherte sich der König dem Vogelkäfig. Kurangi, die sich in der milden Wärme des Morgens in ihre Hängematte gelegt hatte, um ihre Haut vom Winde trocknen zu lassen, zog sich erschrocken ein Tuch über ihren nackten Körper, denn ebenso wie der Papagei hatte auch sie das Kommen des Vaters nicht bemerkt.

Hiraman unterbrach seinen Redefluß. »Hilfe. Hilfe!« rief er erschrocken.

Kurangi griff ein. Beschwörend sah sie ihren Vater an.

»Nicht, Vater. Wenn er wegfliegt, wird er sterben. Er plappert doch nur nach, was er gelernt hat. Seine Flügel sind beschnitten, Vater.«

Ärgerlich klapperte der König mit seinem Dolch zwischen den Stäben des Käfigs, um das Tier zu erschrecken. Wie gern hätte er den obszönen Reden des Papageien ein Ende bereitet. Doch liebte er seine Tochter zu sehr, um ihr eine Bitte abzuschlagen. So ließ er den Vogel in Ruhe.

Auf einem Podest im Garten des Palastes spielte ein Musikant auf einer Rudra-Wina, einer sitarähnlichen Stabzither mit zwei Kalebassen als Resonanzkörper, eine ruhige, meditative Melodie. Wie die Äste der Bäume im Wind tänzelten seine Finger über die hohen Bünde des Instrumentes.

Kurangi kam mit ihrem Vogel auf der Hand die Treppe zum Bade herunter. Einen Augenblick lang lauschte sie der Musik.

»Ah, ein Raga Aasavari. Was für ein höllischer Klang!« rief der Vogel aus.

»Du bist ein Vogel, ich ein Mensch«, sagte sie. Aber sein Zugang zu den Dingen und Geräuschen dieser Welt war ein anderer als der ihre. Der Klang einer Wita konnte ihn nicht lokken.

Im Bade tummelten sich die jungen Zofen des Palastes. Gerade stiegen zwei der jungen Frauen über die schmalen Steinstufen ins sonnenwarme Wasser. Die mutigere der beiden entledigte sich bereits oben auf den Stufen ohne großes Zögern ihres schwarzen Saris, des traditionellen, nur aus einem langen Tuch bestehenden Wickelgewandes. Sie war jung, und mit ihren kleinen, rosa Brüsten, die noch nicht oft die Sonne gesehen hatten, wirkte sie sehr verletzlich. Sorglos schleifte sie ihr Gewand hinter sich her und stieg, nackt wie sie war, in das grünschimmernde Becken. Das andere Mädchen war weniger mutig. Erst als sie bis zum Hals im Wasser stand, wagte sie es vorsichtig, ihr Tuch zu lösen.

Die jungen Frauen im Bade interessierten sich kaum für sie. Ausgelassen planschten sie in den kühlen Fluten, neckten sich oder schwammen ein paar Züge durch das grünliche Wasser. Die meisten von ihnen hatten ihre Kleider an der schmalen Steintreppe abgelegt. Für Männer war dieser Bereich des Palastes nicht zugänglich, so waren sie unter sich und kannten kaum Scheu voreinander.

Bedächtig stieg Kurangi die Stufen ins Wasser hinab, den Papagei auf ihrem ausgestreckten Zeigefinger. Es herrschte große Aufregung. Eine der Nymphen hatte ihre Perlenkette verloren.

»Sie sinkt hinab. Wer sie findet, darf sie behalten«, rief ihre Besitzerin. Kurangi, noch immer den Vogel auf der Hand, sah amüsiert zu, wie die nackten Mädchen gemeinsam nach diesem Schatz tauchten. Bei dem Versuch, sie zu retten, zerriß die Kette, so daß die einzelnen Perlen langsam auf den Grund sanken.

Das Wasser war trübe, Palmblätter trieben darin herum, auch einige Tücher jener schamhafteren Geschöpfe, die sich erst im Wasser zu entkleiden gewagt hatten. Doch hier unter der Wasseroberfläche hatten sie alle ihre Scheu verloren, und geschickt wie junge Seenixen tauchten sie durch das Becken, ließen ihre erblühenden Leiber dicht aneinander vorbeigleiten, umkreisten sich spielerisch in schnellen Bewegungen, drängten sich in einem anmutigen Gewimmel aus schwerelosen Brüsten, Bäuchen, Beinen, aus schwebenden Haaren und Zehen hinab in die Tiefe, um dort die Perlenkette zu suchen, deren Verlust die Besitzerin indessen kaum zu schmerzen schien.

»Ist sie kaputt?« fragte Kurangi neugierig eines der Mädchen, das gerade aufgetaucht war. Immer tiefer stieg sie selbst ins Becken hinein, doch Hiraman hatte Wichtigeres zu tun als zu baden. Er breitete seine Flügel aus, flatterte ein paar Mal aufgeregt mit seinem Gefieder und erhob sich in den Himmel, wobei er einen Flakon mit kostbarem Parfüm ins Wasser stieß. Erschrocken blickten die Mädchen ihm nach. Nur Kurangi lachte. Sie freute sich, den Vogel, dessen Flügel sie für gestutzt hielt, so selbstverständlich fliegen zu sehen und wußte, er würde sie nicht auf Dauer verlassen. Als die Mädchen Kurangis Reaktion bemerkten, entspannten sich ihre Gesichter, und sie stimmten in ihr helles Lachen ein.

Über das Dach des Palastes ging der Flug des Vogels; er überquerte den Hofgarten und die Palastmauern, flog über die grünen Hügel des Gebirges, über Tempelanlagen und einzelne Siedlungen, über Dörfer und Städte, bis er müde wurde auf seinem Weg.

Jedoch, während er erschöpft auf einem Banyanbaum saß und sich ausruhte, kam ein Vogelhändler und warf flink sein Netz über ihn. Hira-

man wurde in einen kleinen Käfig gesperrt und mußte ärgerlich miterleben, wie der Schurke ihn den vorbeikommenden Leuten feilbot.
Doch sein Reiseziel war fast erreicht. Und so wollte es das Schicksal, daß gerade an jenem See, an dem der Händler sich zu einem Schläfchen unter einen Baum gelegt hatte, Ratnasen sich mit einem Bade zu erfrischen suchte. Mit energischen Schwimmzügen pflügte er seinen kräftigen Körper durch das Wasser, ohne zu ahnen, was sich am Lande abspielte.
Der Vogel wartete, bis der Händler eingeschlafen war, und machte sich dann daran, mit seinem Schnabel die Käfigtür zu öffnen. Sooft er aber das Gitter ein wenig angehoben hatte, fiel es erneut herunter und versperrte ihm den Weg in die Freiheit.
»Vergiß mich nicht. Vergiß mich nicht«, rief der Papagei Ratnasen zu, als dieser in die Nähe des Ufers kam. »Deine Geliebte kann nicht einmal das sagen. Denk daran.«
»Wer ist da?« fragte Ratnasen erschrocken. Er hielt sich an den herunterhängenden Zweigen eines Bodhibaumes fest, an den er sein Gewand gehängt hatte, und blickte sich überrascht um.
»Ich bin's. Hier, der Wahrsagepapagei. Ihre großen Augen umschließen die dunkle Nacht. Allein in ihrem Zimmer verzehrt sich deine Geliebte nach dir. Öffne den Käfig, Ratnasen.«

Neugierig kam Ratnasen ans Ufer, um sich diesen Vogel aus der Nähe zu betrachten. Mit der Hand hielt er seinen Dolch umklammert, für den Fall, daß der unter dem Baume liegende Mann ihm eine Falle zu stellen trachtete.

»Was, ein Messer? Schon wieder!« beschwerte sich das Tier.

»Den Namen. Wie heißt meine Liebste?« fragte er.

»Dumme Frage, mein Junge. Kurangi. Ku-ran-gi«, näselte der Papagei.

Tropfend vor Nässe beugte sich Ratnasen über den Käfig.

»Ich kaufe dich frei«, beschloß er.

»Du mußt mich nicht kaufen. Der Vogelfänger schläft. Mach nur die Käfigtür auf. In deinem Interesse.«

»In meinem Interesse?« Er lachte.

»Oh Krishna! Kapierst du das nicht?«

Ratnasen öffnete vorsichtig den Käfig und ließ den Papagei auf seine Hand steigen. Müde drehte sich der Vogelhändler um und öffnete die Augen, um zu sehen, woher das Geräusch kam, welches ihn geweckt hatte. Aber es interessierte ihn nicht, daß dieser Vogel wieder verschwand. Tatsächlich war er ihm nicht ganz geheuer mit seinem Geschwätz.

»Ich kann dir einen geheimen Weg in Kurangis Palast zeigen«, fuhr der Vogel fort. »Folge mir.«

Mit diesem Worten flog er auf und verschwand hinter einem mit Schlingpflanzen dicht überwucherten Arjunabaum.

»Wie heißt du?« rief Ratnasen ihm nach.

»Hiraman«, antwortete der Vogel.

»Hiraman.« Welch komischer Name für einen Papagei.

Gemeinsam fuhren sie mit der Dampfeisenbahn nach Vairantya, in Kurangis Stadt. Prinz Ratnasen hatte für sich und den Papagei ein eigenes Luxusabteil gemietet, um sich ungestört unterhalten zu können. Es besaß ein goldenes Waschbecken, über dem ein reich mit Ornamenten verzierter Spiegel hing. Am Fenster, hinter dem sie die karge Landschaft der Wüstenebene vorbeiziehen sahen, stand eine Liege, auf die Ratnasen sich während der Fahrt bettete. Er hatte sich in eine Decke gehüllt und träumte zufrieden von seiner zukünftigen Geliebten.

Doch Hiraman war nicht zufrieden mit dem halb in Schlaf versunkenen Ratnasen. Ärgerlich biß er ihn in den Finger. Ratnasen schrie auf. Um sich vor einer spontanen Reaktion Ratnasens in Sicherheit zu bringen, flog der Vogel auf den obersten Arm einer Garderobe und fing von dort aus an, seine Besitzerin zu preisen.

»Höre, Ratnasen. Die Rundung ihres Leibes senkt sich wie ein Blatt, mit Sandelholz gesalbt.

Eine zarte Linie feinen Haares steigt vom Nabel auf und endet ganz plötzlich zwischen ihren Brüsten. Ihr Nabel ist ein Todesbrunnen, Sir, in dem schon mancher Mann ertrunken ist. Und gleich darunter weitet sich die wohlbekannte Dunkelheit, durchzogen von der Fußspur des Hirschen. – Was guckst du so, Ratnasen? Verstehst du nicht? Fußspur. Der Fuß! Der Huf des Hirschen.«

Ungeduldig flog er zum Deckenventilator weiter und begutachtete von dort aus den nachdenklichen Prinzen. Die Lokomotive stieß einen schrillen Pfiff aus. Durch das weite Land, das Hiraman auf seinen eigenen Schwingen durchzogen hatte, ging die Fahrt, bis sie endlich des Nachts am Bahnhof jener Stadt ankamen, in der sich der Königspalast von Kurangis Vater befand.

»Wieso tust du das alles?« fragte Ratnasen lächelnd, als sie erschöpft von der langen Reise aus dem Zug gestiegen waren.

»Tun? Was? Versteh' ich nicht!« antwortete der Papagei.

»Wieso führst du mich zu ihr?«

»Ich will Rache nehmen. Dort lebt ein Verrückter. Er tut so gläubig, aber er ist blind für den Gott der Liebe. Wie will er jemals die Freiheit erlangen, der Dummkopf?«

Gemeinsam gingen sie durch die nachtschlafende Stadt. Hiraman saß auf den Schultern des Jünglings und führte ihn zum Palast. Als sie endlich ankamen, flog der Vogel die Mauer hinauf, um die Lage zu sichten.

»Warte hier. Ich komme wieder«, rief er Ratnasen zu.

Kurangi tanzte mit wehenden Schleiern durch den Garten. Sie war bekümmert, hatte sie doch ihren einen Gefährten verloren, ohne den anderen, von dem er ihr so oft erzählt hatte, zu gewinnen. Ihre Zofen trugen Körbe mit gelben Blütenblättern, aus denen sie den Rasen herrschaftlich schmückten, um sie durch die leuchtenden Farben aufzuheitern. Allein, ihre Trauer saß tief.

Da entdeckte sie ihren Papagei. Hatte sie richtig gesehen? Unsicher rief sie seinen Namen. Sie hielt dem Tier ihre ausgestreckte Hand entgegen, und der Vogel setzte sich zu ihr, ohne ein Wort zu sagen. Gemeinsam gingen sie zu jener Stelle, an der Hiraman auf die Mauer geflogen kam. Nachdenklich streichelte sie ihm über den Rücken.

»Mein Liebster ist weit fort«, sagte sie schließlich. Sie schaute in die Ferne, wo sich hinter den Bergen weißglänzend ein Tempel der Göttin Sati erhob. Diese war die Gattin Shivas gewesen, und als er starb, ließ sie sich, so heißt es, aus Liebe auf dem Scheiterhaufen verbrennen.

»Sie war einst entflammt von Trennung. Ich spüre den Rauch ihres Feuers. Still mir mein Verlangen. Antworte mir.« Sie wartete einen Moment. Inbrünstig wiederholte sie ihre Bitte. »Antworte!«

»Antworte«, rief nun auch Hiraman.

»Sie, zu der ich bete, schläft«, stellte sie fest. Sie lachte, und Hiraman fiel krächzend in dieses Gelächter ein.

»Wer wird nun diesen Wunsch erfüllen?«

Blauer Nebel stieg den Hügel herauf und hüllte Kurangi wie in einen feuchtkalten Schleier. Hiraman steckte für einen Moment der Rast den Kopf in sein Gefieder. Kurangi hingegen streifte durch den Garten des Palastes, unsicher, ob sie ihrem Gefühl trauen solle. Sie spürte instinktiv, daß jemand sie beobachtete, doch konnte sie niemanden entdecken.

Ratnasen hatte sich in der Stadt ein Tau besorgt und war damit zur Mauer des Palastes gegangen. Vorsichtig prüfte er ihre Beschaffenheit. Sie war fast unüberwindlich hoch, und die Steine boten keinen Ansatzpunkt für seinen Dolch; keine Vorsprünge oder Fugen, die seinen Füßen hätten Halt geben können. Kritisch musterte er die Mauerkrone. Würde sie sein Gewicht halten? Er knotete das Ende seines Taues zu einer Schlinge und versuchte, diese über eine der Zinnen zu werfen. Prajapati war ihm hold. Gleich

beim ersten Wurf hielt das Seil. Das sah nach Glück aus. Beschwingt kletterte er das Seil hinauf und schaute über die Mauer.
Ihm gefiel, was er sah. Der Palast hatte gewaltige Ausmaße. Seine Teile waren symmetrisch angeordnet, alles perfekt aufeinander abgepaßt. Die Gebäude schienen sich in Terrassen bis in den Himmel zu erheben.
Vorsichtig schlich er an den Posten auf den Wachtürmen und Wehrgängen vorbei und fand schließlich den Palast der Prinzessin. Hörte er nicht Hiramans Stimme? Tatsächlich sah er, wie der Vogel sich mit einer jungen Frau unterhielt, lieblicher als alle, die er bislang gesehen hatte. Er spürte eine brennende Leidenschaft in seinem Körper erwachen, die ihn aufwühlte und ihm für einen Moment die Sinne raubte. Dies konnte nur Kurangi sein. Er versteckte sich hinter einem Pfeiler, von dem aus er atemlos ihre hinreißende Schönheit bewunderte. Hiraman hatte nicht übertrieben. Geblendet von ihrem strahlenden Antlitz brach er zusammen.
Kurangi hörte sein Stöhnen und begab sich zu jener Stelle, wo er zu Boden gesunken war. Neugierig kniete sie sich neben ihn. Eine Welle von Zärtlichkeit durchfuhr sie. War dies der Prinz, von dem ihr Hiraman berichtet hatte? Er war jung, sehr jung, kaum mehr als ein Knabe. Sein Bart begann gerade erst zu sprießen und

legte sich wie Wolle um sein Kinn. Kein Haar kräuselte sich auf seiner glatten Brust. Sie streichelte versonnen mit den Fingerspitzen über die feine weiche Haut seines ohnmächtigen Körpers. Keine einzige Narbe legte Zeugnis ab von einem gewonnenen Gefecht. Wäre er in der Lage, sich gegen ihren strengen Vater zu behaupten? Besäße er die Kraft, mit ihr gemeinsam die Unbill des Kommenden zu ertragen, die Flucht aus dem Palast, die Rastlosigkeit der Verfolgung, die Scharmützel mit Wegelagerern und anderem Gesindel? Sie bezweifelte es.
Auch sah er nicht so aus, als habe er in der Liebe bereits erste Gehversuche unternommen. Sein Gebaren, seine Reaktion auf ihr Erscheinen war das eines Kindes, nicht das eines leidenschaftlichen Mannes.
»Eine Gabe zu empfangen hast du noch nicht gelernt«, stellte sie enttäuscht fest. Abrupt stand sie auf und entfernte sich. Sollten ihre Zofen sich um ihn kümmern! Sie würden ihn nicht den Wachen verraten. Doch auch die Hofdamen ließen verunsichert den Jüngling liegen und schauten ihn nur ratlos an.
Der Morgen graute bereits, als er erwachte. Mittels seines Taus kletterte er die steile Wand in das Obergeschoß des Palastes hinauf, wo sich laut Hiraman das Schlafgemach seiner Angebeteten befand. Doch wo sollte er weitersuchen?

Verwirrt schlich er über die Gänge und wäre fast von einem Diener entdeckt worden, der in diesem Augenblick mit seinem Eselskarren die Nahrungsmittel für den Hof aus der Stadt heraufbrachte. Gerade noch gelang es Ratnasen, sich hinter einer Mauer zu verbergen.

Er strich weiter, wandte sich hierhin und dorthin, um nicht den Wächtern des Palastes in die Arme zu laufen, vergaß dabei aber, auf seinen Weg zu achten, und stieß prompt seinen Kopf an einen vorstehenden Querbalken. Wütend auf sich selbst hielt er sein schmerzendes Ohr.

In diesem Zustand fand ihn Hiraman. Er tippelte ungeduldig auf einer Mauer schräg über Ratnasens Kopf entlang und wunderte sich, wo der Jüngling blieb. Ratnasen rief ihn leise, um ihn auf sich aufmerksam zu machen. Doch der Vogel hatte ihn längst entdeckt.

»Nun aber schnell«, rief er Ratnasen zu.

»Ich komme schon«, antwortete dieser flüsternd und lief ihm nach.

Die Prinzessin hingegen, der der Vogel die Ankunft des Jünglings ankündigte, wollte von dem unerfahrenen Burschen nichts wissen. Hiraman wurde zornig.

»Laß ihn schon rein. Er ist da«, drängte er. »Laß ihn rein.«

»Nein!« Sollte dieser Jüngling wirklich in der Lage sein, ihr jene Liebe und jene Sicherheit zukommen zu lassen, derer sie bedurfte? Sie schmunzelte bei dem Gedanken und begab sich in ihr Schlafgemach. Doch dann überlegte sie es sich anders und kehrte zu dem Vogel zurück. Unterhalb der Stange, auf der Hiraman saß, lag ein großes Notizbuch. Kurangi tat, als schriebe sie etwas hinein. Doch ihre Gedanken waren bei Ratnasen, lächelnd dachte sie daran, wie unschuldig er in seiner Ohnmacht ausgesehen hatte, sein schöner, braungebrannter Körper ausgestreckt auf den harten Platten des Palastbodens. In ihr erwachte ein Begehren, das sie zuvor nicht gekannt hatte und das sich ihrer langsam bemächtigte. Sie wollte diesem verzauberten Prinzen nahe sein, wollte seine warme Haut auf der ihren spüren ... Sie zwang sich zur Ruhe. Er war es, der den nächsten Schritt gehen mußte.

»Kurangi!« ermahnte sie der Papagei.

Als Ratnasen endlich das Schlafgemach erreichte, hatte sich Kurangi bereits hingelegt. So fand er sie schlafend. Sie trug ein rotes Kleid und hatte um ihre Brust ein dünnes Tuch in gleicher Farbe geschlungen, das ihre vollen Formen fast unerträglich lockend hervortreten ließ. Ihre Wohlgestalt berauschte ihn. Andächtig stand er vor ihrem Diwan und betrachtete lange ihr entspanntes Gesicht. Ihr Mund hatte die Farbe der Kapokblüten, ihre Haut das helle Braun der

Antilopen. Sanft schwebten ihre dichten, gebogenen Wimpern über den Wangen, stolz hob sich das Kinn aus dem Schatten der Nacht.
Die Perlen, die sie um den Hals trug, betonten die Ebenmäßigkeit ihres muschelförmig gerundeten Nackens, der ziselierte Schmuck, den sie an ihrem Ohrläppchen hängen hatte – ein aus Edelsteinen gefertigter Candra, ein Halbmond, in dessen Sichel ein Stern glitzerte –, lenkte seinen Blick auf ihre kleinen, anmutigen Ohren.
Im Schlaf wandte sie ihren Kopf, und einen Moment lang fürchtete er, sie könne erwachen und sich bei seinem Anblick erschrecken, doch das gleichmäßige Beben ihrer Nasenflügel überzeugte ihn von ihrem sorglosen Schlummer.
Fasziniert ließ er seinen Blick an ihrem Körper heruntergleiten. Ihr Nabel, wenige Zentimeter über dem Gürtel ihres Rockes, führte in die dunkle Tiefe wie der Eingang einer geheimnisvollen Schatzhöhle. Ratnasen sah, wie sich ihr Bauch mit jedem Atemzug langsam hob und senkte, zitternd, einem leichten Beben der Erde gleich, das die Ebene erschüttert. Geraume Zeit stand er atemlos vor ihr und liebkoste mit seinen Blicken ihre grazile Gestalt. Plötzlich vernahm er aus der Ferne die Rufe der Händler, die sich auf einen neuen Markttag vorbereiteten. Vögel begannen fröhlich den hereinbrechenden Morgen zu begrüßen.

Von den Geräuschen erwachte auch Kurangi. Sie sah Ratnasen unsicher an. War er gerade erst gekommen oder hatte er die ganze Nacht an ihrem Bette zugebracht? Sie kehrte ihren Körper ein wenig von ihm ab, ohne jedoch ihren Blick von ihm zu wenden. Wie sollte sie reagieren?

Erschrocken beobachtete sie, wie er sein Gewand abstreifte und sich vorsichtig neben sie legte. Ihr Herz begann zu pochen. Sie fühlte seine Stirn ihre weiche Brust bedrängen. Es war schön, ihn zu spüren. Kurangi wehrte ihn nicht ab.

»Weg da! Laß mich durch.« Ungestüm drängte Hiraman sich zwischen die beiden. Ratnasen erhob sich irritiert und blickte dem Vogel nach. Doch Kurangi mußte lachen; die Schüchternheit, mit der die beiden sich einander genähert hatten, verflog. So stimmte auch Ratnasen fröhlich in ihr Gelächter ein.

Sie setzte sich ans Fenster, um den Sonnenaufgang zu beobachten. Liebevoll hockte er sich hinter sie und hielt sie in seinen Armen. Sie neigte ihm ihren Kopf zu. Als er mit dem Zeigefinger andächtig den Konturen ihrer Brauen folgte, streichelte sie ihn mit dem Schlag ihrer Wimpern. Er ließ seinen Finger weitergleiten zum Ohr und durch das Haar die Schultern herab. Genießend schloß sie die Augen, ein Lächeln

huschte über ihren Mund. Sie seufzte leise, ihr Blick ging in die Ferne. Lange sah Ratnasen sie unverwandt an.
Eine zärtliche Sehnsucht trieb sie zu ihrem Nachtlager. Das Tuch, welches ihre Brüste umhüllte, hatte Ratnasen vorsichtig gelöst und mit einer langsamen Bewegung abgestreift, die den zarten Stoff wie einen Atemhauch über ihre anschwellenden Spitzen gleiten ließ. Ihre Goldketten, die sie um den Hals trug, schlängelten sich durch das sanfte Tal zwischen ihren erregten Brüsten, die sich im fahlen Morgenlicht aufgewölbt hatten.
Sie legte sich sacht auf ihn. Ihre Haare streichelten seine Brust. Langsam bewegte sie ihren Kopf auf sein Geschlecht zu. Sie erinnerte sich dessen, was Hiraman ihr im Laufe der Monate durch seine Erzählungen vermittelt hatte. Sie fuhr mit ihren Lippen entlang des Schaftes hinab, knabberte neckend an dessen Seite, ohne ihn jedoch wirklich zu beißen, umschlang mit ihrem Mund fest sein geädertes Fleisch, bis sie sein leises Stöhnen vernahm. Sie lächelte. Erst jetzt setzte sie ihre Lippen wie zum Kusse an die nun dunkelrot verfärbte Spitze , kühlte mit ihrer feuchten Zunge seine leidenschaftliche Glut, nur um gleich darauf neuerlich von ihm abzulassen.
Ratnasen nahm ihren Kopf in die Hände, unsi-

cher, ob er sie wegstoßen und der süßen Pein ein Ende bereiten oder im Gegenteil sie dort halten, ihre Unterbrechungen verhindern sollte. Ihn verlangte nach mehr dieser erregenden Umhüllungen.

Doch Kurangis brennende Küsse wurden immer seltener. Statt dessen streichelte sie mit vor Verlangen heißen Händen seinen bebenden Bauch und die zitternden Schenkel, um so seine Lust von dem einen Punkte weg in den ganzen Körper zu leiten.

Ratnasen gab sich ganz seinen Gefühlen hin, schloß die Augen und ließ die Wellen der Erregung durch seinen Körper fahren. Wie im Fieber war ihm gleichzeitig heiß und kalt, aber um nichts in der Welt hätte er sich in diesem Augenblick von Kurangi lösen mögen. Er spürte, wie sie erneut seinen Schaft küßte, vorsichtig zunächst, nur an einer Stelle saugend, dann drängender, von allen Seiten, während sie ihn mit der Spitze ihrer Zunge streichelte. Er zwang sich, ruhig und tief Luft zu holen, um die Spannung in seinem Körper nicht bis ins Unerträgliche zu erhöhen, doch konnte er seinen eigenen, stoßenden Atem, der durch den leicht geöffneten Mund strömte, überdeutlich hören.

Kurangi begann nun, in heftiger Leidenschaft an seinem Schaft zu saugen, ihn immer stärker mit ihren Lippen und der Zunge zu drücken und sich immer seltener von ihm zu lösen. Ihre Hände umfaßten seine Hoden, drückten sie sanft, strichen dann wieder über die Härchen und brachten ihn so fast zur Raserei. Schließlich schob sie seinen Lingam vollständig in ihren Mund.

Ratnasen wähnte sich nahe einer Metamorphose, leuchtende Farben erfüllten sein Inneres, die von dunklem Purpur über Kirschrot und Orange ins immer heller werdende, strahlende Gelb wechselten, er schwamm auf einer Welle unsäglichen Wohls. Mit jeder neuen Kontraktion durchflutete seinen Körper ein tieferer Frieden, tiefere Entspannung, tiefere Wonne. Er wirbelte in einer Wolke der Glückseligkeit; sein Körper war federleicht geworden, trieb dahin, bar jeden Gedankens an die Mühen seines verwunschenen Lebens. Er war gesättigt, erfüllt, frei.

Eine Weile sah Kurangi den jungen, ermatteten Mann schweigend an, der mit geschlossenen Augen neben ihr lag und sich für sie nicht mehr zu interessieren schien. Er hatte sich an sie geschmiegt, seine Schulter ruhte auf ihrem Oberarm. Völlig entspannt wie ein kleines Kind im Schlafe ruhte er auf den Kissen, abwesend und in seinen Gefühlen vergraben.

Vorsichtig zog sie ihren Arm heraus, denn sie spürte bereits ein verräterisches Brennen in ihrem Handgelenk. Sie sah Ratnasen erwartungsvoll an, sie hatte ihm die höchsten Freuden geschenkt, doch hatte er sie dabei unerfüllt gelassen. Sie schloß, enttäuscht über ihren selbstversunkenen Liebhaber, einen Moment die Augen. Dann löste sie sich von ihm und ergriff erneut die Initiative.

Verwirrt schälte sich Ratnasen aus seinen Träumen und sah, wie Kurangi auf ihn stieg. Sie setzte sich auf sein Becken, ihre Scham kitzelte seinen Lingam, der halb erschlafft zur Seite lag. Rhythmisch begann sie sich auf ihm zu bewegen, erst langsam, dann immer schneller. Sie senkte ihren Kopf und neckte mit ihren weichen Haaren sein Gesicht, den Hals und den Oberkörper. Ihre über ihm schwebenden Brustspitzen berührten die seinen. Erneut durchfuhr ihn ein heißes Brennen, und er spürte, wie seine Lust abermals wuchs. Mit Kurangis Hilfe tauchte er durch die weichen, nachgebenden Lippen ihres Geschlechtes, bis ein Hindernis ihm den weiteren Zutritt versperrte. Kurangi lächelte mit geschlossenen Augen. Sie beugte ihren Oberkörper ein wenig vor, rieb sich in aufwallender Erregung an seinem Geschlecht und fiel schließlich ins Hohlkreuz zurück. Erstaunt sah Ratnasen, wie sie ihre Augen zusammenkniff, als bereite sie sich auf einen kommenden Schmerz vor. Langsam senkte sie ihr Becken dem seinen entgegen und nahm ihn ganz in sich auf. Er spürte, wie eine zähe, warme Flüssigkeit langsam an seinen Beinen herunterlief, wie ihre feuchtwarme Höhle sein Geschlecht fest umklammerte, es zugleich drückte und massierte; er roch den strengen Duft der Raubtiere und hörte ihr immer stärker werdendes Stöhnen.

Es war für beide das erste Mal gewesen, und das besiegelte endgültig den Bund zwischen ihnen. Kurangi betrachtete nachdenklich ihre rotgefärbte Hand. War dies der Zoll, den sie als Preis für ihre Liebe zu zahlen hatte? Dann war dieses Blut heilig. Überwältigt von der gegenseitigen Faszination saßen sie einander lange schweigend gegenüber, die Beine zum Lotossitz verschränkt, schauten sich in die unendliche Tiefe ihrer Augen. Beide waren sich der absoluten Einzigartigkeit dieses Tages in ihrem Leben voll bewußt; übermannt von ihrer frischentdeckten Liebe zueinander zelebrierten sie ihre Zuneigung. Andächtig hielt Ratnasen Kurangis rechte Brust, sein Daumen ruhte auf ihrer aufgerichteten Spitze, sanft streichelte er sie. Kurangi legte ihren Arm auf Ratnasens Knie, so daß ihre Hand locker auf seinem Geschlecht lag.

Als er sich schließlich erhob, tat er es nur, um ihre Vollkommenheit, die ihm nun in einem völlig neuen Licht entgegenglänzte, von allen Seiten bestaunen zu können. Kurangi senkte verlegen ihren Kopf zu Boden. Er kniete sich hinter sie und fuhr andächtig mit seinen Fingern durch ihr dichtes Haar, das ihr vor dem Gesicht hing, und teilte es. Sie hob langsam ihr Haupt, den Blick voller Liebe für ihn.

»Bäume brennen, werden verzehrt«, versuchte Ratnasen seinen Gefühlen Ausdruck zu verleihen, während er ihr die Halsketten löste und zusah, wie diese langsam über ihre Brust in die Tiefe glitten. »Hier, dort. Das Feuer, kühl wie ein Wind vom Sandelwald. Seltsam. Der Körper brennt, aber ich ...«

Engumschlungen genossen sie ihr Beisammensein, preßten ihre Körper aneinander, erhoben sich, nur um gleich darauf wieder niederzusinken, in neue Verzückungen zu fallen.

Da pochte es an der Tür. Erschrocken fuhren sie hoch. Hatte jemand in der Dunkelheit das aus ihrem Zimmer dringende Licht bemerkt? Hatte sie jemand gehört? Wie von Geisterhand erlosch in diesem Augenblick die Flamme der Öllampe, und im Raum wurde es schlagartig dunkel. Die Himmelsmächte schienen sich ihrer anzunehmen.

»Selbst der Schatten ist unsichtbar. Wie soll da dein Körper zu sehen sein?« versuchte Kurangi Ratnasen zu beruhigen. Und ohne eine Spur von Verwunderung fügte sie hinzu: »Es ist wahr! Du bist unsichtbar.«

Sie hatte recht. In der körperlichen Vereinigung hatten sie die Himmelspforte durchschritten. Sie hatten das höchste göttliche Ziel erreicht; die Schranken zwischen der sichtbaren und der unsichtbaren Welt waren aufgelöst. Ratnasen war für andere nicht mehr zu sehen.
Doch noch zweifelte er. Hastig raffte er seine Sachen zusammen und floh durch die Gänge ihres Gemaches...
Schnell eilte er zu dem Fenster, von dem aus er das Tau erreichen konnte, und seilte sich ab.
Kaum war er vom Sims herabgestiegen, öffnete sich die Tür zu Kurangis Zimmer, und ihr Vater, begleitet von einigen Dienern, stürmte herein. Sie durchsuchten jeden Winkel, öffneten jede Truhe, in der Ratnasen sich hätte versteckt halten können, und schreckten nicht einmal davor zurück, Kurangis Tücher und Kleider, die zuoberst in den Kisten lagen, herauszuzerren und auf den Boden zu werfen, nur um zu sehen, ob sich der heimliche Liebhaber nicht vielleicht unter ihnen verborgen hielt. Doch so sehr ihr Vater auch tobte, von Ratnasen fand er keine Spur.
Der Junge hatte Feuer gefangen, verzehrendes, leidenschaftliches Feuer, welches ihn umfing, sich ihm von allen Seiten gleichzeitig näherte und ihm keinen Ausweg ließ. Aber es war nicht nur das Feuer der Liebe, welches von ihm Be-

sitz ergriffen hatte. Auch die Wachen, die überall im Palast nach ihm suchten, kamen ihm plötzlich vor wie züngelnde Flammen, die unversehens vor ihm auftauchten, den Rückweg versperrten und ihn zu verzehren drohten. Er schreckte zurück, machte sich klein, hob abwehrend die Hände. Doch die Wachen sahen ihn nicht, das Feuer konnte ihm nichts anhaben.

Hier begriff er, was Kurangi ihm zu vermitteln versucht hatte, daß er nämlich auf dem Weg war, die dingliche Welt zu verlassen.

»Ich bin nicht sichtbar für diese Welt«, stellte er fest. Und froh über diese Erkenntnis machte er sich auf den Weg zurück zu seinem Glück. »Verborgen in der unendlichen Nacht kehre ich zurück in den Palast meiner Liebsten.«

Er lauschte den Geräuschen um sich herum. An sein Ohr drang der Schrei einer Eule. »Dieser Vogel schreit ekelhaft«, befand er.

In der Ferne hörte er das Lachen eines turtelnden Pärchens. Diese Frau würde, sobald sie den gespenstischen Schrei der Eule vernahm, sich in die Arme ihres Liebsten flüchten, und der Mann hätte jenes Ziel erreicht, zu dem ihm weder Schmeicheleien noch schöne Worte verholfen hätten. Doch was gingen Ratnasen die Geschäfte anderer an? Er war auf dem Weg zu Kurangi, seiner Liebsten, der einzigen Frau, die ihn interessierte.

Vom Dach des Palastes schaute er auf den Garten, durch den aufgeregt einige Diener des Königs liefen. Er lachte.
»Sie suchen mich immer noch. Sie wissen nicht, das ich alles sehen kann.«
Er erblickte eine Gans, die auf der Dachterrasse der Frauengemächer spazieren ging. »Oho. Der weiße Hofnarr! Hier um Mitternacht?«
Hinter einem Mauervorsprung kam ein Brahmane hervorgeschlichen, der sich versteckt hielt. Zwei Gänse liefen hinter ihm über den Steinboden der Terrasse.
»Elender Brahmane«, schimpfte Ratnasen.
Der Brahmane war ein kleiner Kerl mit hoher Stirn und grauen Haaren, die ihm ungekämmt vom Kopf abstanden. Er war in eine graue Robe gehüllt und trug ein schwarz-weiß gestreiftes Kleid.
Eine der Mägde Kurangis kam die Treppe herauf, eine Schüssel mit goldenem Geschmeide und mehreren Ölfläschchen in der Hand.
»Wo ist denn dieser Mann?« rief sie lockend, denn sie hatte Geräusche gehört und angenommen, Ratnasen sei zurückgekehrt, um Kurangi zu besuchen. Da sie aber niemanden entdecken konnte, stieg sie die Treppe wieder hinab. In jenem Augenblick jedoch kam der Brahmane hinter seinem Vorsprung hervor und zeigte sich ihr.

»Mann? Sehr gut bemerkt. Wer sonst, der mich sieht, würde glauben, ich sei ein Mann? Eine Frau bin ich, eine Hofdame. Mein Name ist Kleine Lotosblüte.«

Die Magd lächelte. Kleine Lotosblüte war die engste Vertraute ihrer Herrin. Doch hatte der Narr keinerlei Ähnlichkeiten mit ihr. Er wußte genau, daß zu diesem Teil des Palastes, noch dazu inmitten der Nacht, nicht einmal er, ein Mitglied der Priesterkaste, Zutritt hatte.

»Ist das nicht der Brahmane, den ich in der Stadt sah?« fragte sie.

»Ganz richtig.« Er zeigte auf eine Kette, die um seinen Hals hing. »An dieser Schnur siehst du: Dies ist ein Brahmane.«

Schelmisch hob er sein Gewand und streckte ihr seinen Po entgegen. »Und mit dieser roten Unterwäsche bin ich im Handumdrehen ein Mönch. Und wenn ich die Kleider ausziehe, werde ich zum Asketen.« Er ging auf sie zu. »Soll ich?«

Die Art, wie er sich vor ihr über die Kastenordnung lustig machte, zeigte nur zu deutlich, er wußte, was in der vergangenen Nacht am Hofe geschehen war. Sie wendete sich peinlich berührt ab und verdeckte mit dem Schleier ihr errötendes Gesicht. Hatte es sich schon so weit herumgesprochen?

Währenddessen lief Kurangi aufs Dach, um

ungeduldig auf ihren Liebhaber zu warten. Sie hörte ein Geräusch, war sich aber unsicher. War ihr Liebster gekommen, oder hörte sie nur das Knacken der Äste im Wind? Irritiert rief sie nach Hiraman, der sogleich angeflogen kam und sich auf ihren Kopf setzte.
»Hier ist noch jemand«, berichtete er.
Sie lächelte. Also hatte Ratnasen nach seiner Flucht begriffen, daß für ihn die Schranke zwischen den Welten aufgehoben war. Er hatte begonnen, von der sichtbaren in die unsichtbare Welt zu wandern. Gemeinsam mit ihrem Liebsten streifte sie durch das Haus, welches nun keine Gefahr für ihre Liebe mehr barg, denn keiner der Diener war in der Lage, den Gesuchten zu entdecken. Und in der Berührung durch Ratnasen wurde auch sie selbst unsichtbar.
So konnte nun Ratnasen ein- und ausgehen, wie es ihm gefiel. Aber da auch Kurangi ihn nicht sehen, sondern nur hören und fühlen konnte, war sie nie sicher, ob er sich gerade in ihrer Nähe aufhielt oder nicht. Immer wieder ertappte sie sich dabei, wie sie sich unsicher umhörte, umblickte, um den Ursprung irgendeines Geräusches zu ergründen. Oft rief sie leise seinen Namen. Dann wieder gab sie sich ihm, dem Unsichtbaren, hin, und nur ihr verzücktes Gesicht verriet, daß sie gerade durch seine zärtlichen

Berührungen in die höchsten Wonnen versetzt wurde.
Ratnasen genoß sein neues Leben. »Wir durchstreifen die Hänge an der Seite schöner Frauen«, erzählte er. »Wir spielen auf den Gipfeln der Berge. Wenn wir mit unserer Kraft das Mantra ergründen, können wir alles erreichen. Manchmal sind wir sichtbar, manchmal nicht.«
Doch nicht alle am Hofe begriffen, was vor sich gegangen war. Auf dem Dachgarten saß die Königin vor einer großen, ovalen Platte mit gekochtem Fisch.
»Ich kann diesen Fisch nicht essen.«
»Wieso nicht? Er wurde allein nur für dich gekocht.« Der König war erstaunt.
»Ich sage dir, nicht einmal ansehen könnte ich dieses Fischmännchen. Wie soll ich ihn dann berühren?«
Weit hatte der Fisch auf der silbernen Platte seinen Mund geöffnet und schaute sie aus seinen großen Augen an. Er lachte ein heiseres, kurzatmiges Lachen, und doch schien es der Königin, als höre sie noch etwas anderes in seiner Stimme. Das schwere Atmen, das heftig erregte Stöhnen eines sich liebenden Paares, klang es nicht genau wie das Lachen jenes Fisches?
»Weswegen lacht dieser Fisch denn?« fragte der König verwirrt. Er wußte nicht um die Kraft der Liebe.

Vroom

Warum behauptet eigentlich jeder, aber auch jeder, den ich kenne, während der Pubertät ein völliger Außenseiter gewesen zu sein, abgetaucht in die innere Emigration? Einige von uns müssen verdammt gute Schauspieler gewesen sein, hatten ihre Rolle bis zur Perfektion gespielt und schindeten enormen Eindruck damit, sich flippig, lässig, cool zu geben. Dabei saß uns doch allen nur diese Scheißangst im Nacken, von den anderen durchschaut zu werden, abzublitzen oder den Spott der Clique auf sich zu ziehen.

Wir lebten damals in einem kleinen Kaff in Mississippi, mein Vater Lester und ich. War nicht viel los dort. Tagsüber arbeitete ich bei ihm in der Garage, nachmittags trafen wir uns mit ein paar Leuten im Honky-Tonk. Das war ein Laden, den sich der alte Patterson von dem Geld gekauft hatte, das ihm seine Platten eingebracht hatten, Scheiben, wie er sagte, die er zu einer Zeit aufgenommen hatte, als Michael Jackson noch der Kleine bei den *Jackson Five* war. Blues, Soul, Boogie-Woogie, irgend so was. Ab und zu, wenn er gut aufgelegt war, ließ Patterson hinter seiner alten Holztheke einen seiner Songs hören. Wir kannten sie mittlerweile alle auswendig. Aber die Stimmung war ziemlich gut, wir sangen mit, tanzten, tranken, bis wir unser Kaff, unser Scheißleben und die Zukunft, die vorhersehbar war wie eine billige Fernsehseifenoper, vergessen hatten.

Den Sommer über trafen wir uns auf dem Rasen vor dem alten Holzhaus. Da gab es viel Platz zum Tanzen. Wild und ausgeflippt, als wollten sie die Geister unserer sittsamen Ahnen vertreiben, warfen die Mädchen ihre Arme in die Luft und ließen ihren Hintern kreisen, daß es schwer war, dabei keinen Rappel zu kriegen. Oh Mann, ihnen dabei zuzusehen war schon eine Sache für sich.

In dem Jahr, als mir diese verrückte Geschichte passierte, waren gerade die knappen, bunten Trägerkleidchen höllisch in Mode, die oben gerade mal so eben die Brüste bedeckten und über den Knien aufhörten. Die waren schon im Ruhezustand eine Herausforderung für meine Phantasie, und es wurde fast unerträglich, wenn die Mädchen tanzten und alles an ihnen sich in Bewegung setzte.

Übel war nur, daß die Schnecken sich nicht für mich interessierten. Nicht die Bohne. Ich war wohl so was wie Luft für die. Und wenn es dann doch mal passierte, daß sich eine von ihnen zu mir verirrte, kam sicher einer aus der Clique hinterher und baggerte sie an. Das Leben tobte woanders, nicht bei mir.

Manchmal hatte Patterson seinen alten Grill im Garten aufgebaut und ließ gutgelaunt seine Rippchen verkohlen, während aus seinem Ghettoblaster Hip-Hop stampfte. Alles war in Bewegung, nur ich schaute der Clique mit verschränkten Armen zu. Klar, mit meiner alten, ölverschmierten Latzhose und meinem pickeligen Gesicht paßte ich irgendwie nicht zu denen, aber sonst war eben hier im Kaff völlig tote Hose.

Pretty Joe war so etwas wie der Anführer der Clique. An dem Sonntag, an dem die ganze Geschichte begann, hatte ich mich auf die Kühlerhaube eines Pick-ups gepflanzt, der am Rand von Pattersons Rasen stand. Alle waren am Abhotten. Auf einmal baute sich Joe mitten im Gewusel auf, als stände er auf einer Bühne: »Hört mal«, rief er. »Ich habe den Pick-up von Mr. Gentry. Würde es gut kommen, wenn wir nach dem Grillen zum Fluß runterfahren?«

Klar, daß alle von der Idee begeistert waren.

»Das geht nicht ohne Badeanzug«, rief Della in

die Menge und zog eine Flappe. Eigentlich fand ich sie ganz süß.

»Stimmt, ich habe auch keinen«, meldete sich nun auch Kim. Reggie grinste nur: »Das braucht ihr doch auch nicht, so schnuckelig, wie ihr ausseht.«

»Gut«, kürzte Pretty Joe das Verfahren ab. »Dann sind wir uns wohl einig. Wer kommt mit?«

Natürlich wollten alle dabeisein. Ich wußte, was passieren würde, wenn ich auch mitzukommen versuchte. Es war immer derselbe Scheiß. Wenn irgendwo etwas lief, was wirklich cool war, dann war ich nicht mit von der Partie.

»Ich will auch«, sagte ich halbherzig zu Pretty Joe. Er hob bedauernd die Schultern. Ein paar aus der Clique fingen an zu stöhnen.

»Geht leider nicht, Leroy. Wir sind schon voll bis obenhin.«

»Macht nichts. Ich fahr auf der Stoßstange mit. Das klappt schon.«

Reggie grinste mich an und legte mir seine schwere Pranke auf die Schulter.

»Hast du was an den Ohren, Leroy? Wir sind voll bis obenhin.«

Ich hatte verstanden. Während die anderen weitertanzten, trollte ich nach Hause. Vom Honky-Tonk gab es einen kleinen Schleichweg durch den Wald zu mir. Ich mußte runter zum

Fluß und über einen alten umgestürzten Baumstamm auf die andere Seite. So konnte ich den gigantischen Umweg vermeiden, den die Straße um das Wäldchen herum und hinten zur Brücke machte. Wütend warf ich Steinchen in das Wasser.

Ich war ziemlich schlecht drauf, als ich in der Werkstatt meines Vaters ankam.

»Schon wieder so früh zu Hause, mein Junge? Meine Güte, so wirst du es nie schaffen, deine Muschipickel aus dem Gesicht zu kriegen. Dazu müßtest du irgendein Mädchen aufreißen, sie ganz auf die Nette überreden, einmal den Rock hochzuheben, und sie dir einmal vornehmen.«

Ich hatte keine Lust darauf, mir diesen Mist anzuhören. Also wechselte ich so schnell ich konnte das Thema.

»Es ist ganz schön heiß, was?«

»Quatsch. Es ist niemals zu heiß zum Vögeln.«

»Das ist schon möglich.«

Lester sah mich von oben bis unten an, mit diesem Blick aus Resignation und Verachtung, der mich jedes Mal umhaute und wohl besagen sollte, daß er in meinem Alter ganz anders drauf war.

»Na ja. Sich richtig anziehen will auch gelernt sein«, meinte er schließlich.

Er klappte das blöde Blechschild seiner Tankstelle um, auf das er mit einem dicken Edding »Geöffnet« gekritzelt hatte, und kam zu mir zurück. Es tat ihm wohl leid, mich angemacht zu haben. Er stellte sich hinter mich und verfiel in den altväterlichen Ton.

»Ich fahr zum Angeln. Willst du vielleicht mit, Junge?«

»Nein, danke.« Vielleicht würde er dort unten am Fluß auf die Clique aus dem Honky-Tonk treffen. Wenn die mich mit einer Angel in der Hand entdeckten, wäre ich bei denen doch völlig unten durch. Die würden sofort denken, ich wolle spannen. Lester zuckte mit den Achseln, drehte sich um und schnappte sich seine Angel. Ein wenig neidisch sah ich zu, wie er zu seinem alten Laster stiefelte.

Ich besorgte mir einen alten Sessel und setzte mich vor dem Haus in die Sonne, um sie eine Weile auf meine Haut brennen zu lassen und an nichts zu denken. Was sollte ich auch groß anderes tun? Ich versuchte, mir Della ohne Kleider vorzustellen, oder wie sie mit den anderen ausgelassen im Wasser herumplanschte, wie sie sich gegenseitig jauchzend naßspritzten. Ihr Busen, der sich jedesmal, wenn sie sich beim Tanzen ins Hohlkreuz warf, halb aus dem Kleid gepreßt hatte, mußte im Wasser wunderbar aussehen. Ich hätte heulen können.

In der Ferne kam eine steinalte Lady die Straße herauf. Um sich vor der Sonne zu schützen, hatte sie ein Tuch um den Kopf geschlungen. Einen uralten gelben Kopfhörer hatte sie außerdem noch auf. Sie steckte in einer weißen Kniehose und einem hellen Mantel. Um den Bauch hatte sie sich irgendeinen Fummel gebunden, ein heißer Anblick, alles in allem. In der Hand hielt sie einen kleinen Stock, eine Art Krücke, die sie im Takt hin- und herschwang. Ihre Hände flatterten durch die Luft, ihr Oberkörper beugte sich vor und zurück, als sei sie mitten in einem alten Voodoo-Ritual damit beschäftigt, die Straße vor bösen Geistern zu schützen.

Aber so, wie sie am Swingen war, bekam sie natürlich nichts von der Clique mit, die plötzlich in dem völlig überfüllten Pickup hinter ihr auftauchte. Pretty Joe am Steuer achtete mehr auf die kichernden Freaks hinter sich als auf die verdammte Straße, und er hätte die Alte wohl übergemangelt, wäre ich nicht in letzter Sekunde aus meinem Sessel gesprungen und hätte die Frau von der Straße gezogen. Gemeinsam kugelten wir wie eine weggeworfene leere Coladose den Abhang zum Bach runter, der neben der Straße entlanglief. Das Wasser war nicht tief, aber es gab trotzdem einen riesigen Platsch, als wir hineinrollten.

Ich half ihr wieder heraus. Wir stanken gewaltig

nach modrigem Brackwasser. Die Alte war wohl mit dem Kopf voran in das Wasser getaucht, im Mund hatte sie Blätter, Algen und ich glaube sogar einen kleinen silbernen Fisch, aber vielleicht war es auch nur ein Ast, der vor Feuchtigkeit glitzerte. Ihr schien das ziemlich egal zu sein.

»Danke, Kleiner. Oh, das war wirklich sehr aufmerksam«, sagte sie, nachdem sie das Zeug grinsend ausgespuckt hatte.

»Sind Sie okay?«

»Junge, mir ist es nie im Leben besser gegangen. Heute ist mein Glückstag. Und deiner auch.«

Sie streckte mir ihren dicken Zeigefinger entgegen.

»Mein Glückstag? Ich verstehe Sie glaube ich nicht.«

»Ich habe Kräfte. Mächtige mächtige Kräfte. Voodoo-Kräfte. Und dafür, daß du mir das Leben gerettet hast, erfülle ich dir einen Wunsch.«

»Warten Sie mal. Kräfte? Etwa Zauberkräfte?«

»Mächtige mächtige Kräfte. Du glaubst mir doch wohl, oder?«

Ich nickte hektisch. Es kommt nicht jeden Tag vor, daß man eine Zauberin rettet, und ich hatte nicht die Absicht, mir meine Belohnung durch offene Zweifel durch die Lappen gehen zu lassen.

»Gut«, befand sie. »Was darf's sein? Was ist dein Wunsch?«

Ich begann vor Aufregung zu stottern. Da gab es einiges, was ich auf dem Herzen hatte.

»Erstens, erstens ... Also erstens ...«

»Hör auf!« winkte sie ab. »Du hast nur einen Wunsch. Der erste ist auch schon der letzte. Du hast nur einen Wunsch frei, Kleiner. Mehr ist nicht drin.«

»Aber ich habe gedacht, man hätte drei Wünsche frei.«

Sie legte mir mütterlich den Arm um die Schulter. »Das war früher. Es gab Kürzungen, wie überall. Nein, das ist jetzt vorbei, aus. Es gibt jetzt für jeden Kunden nur noch einen Wunsch. Und Schluß.«

Sie begann, gelangweilt an ihren riesigen Ringen zu spielen, mit denen sämtliche Finger ihrer beiden Hände vollgesteckt waren.

»Ich ...«

»Was? Was willst du mir sagen?« rüffelte sie mich ungeduldig an. »Was ist mit dir? Hast du die Zunge verschluckt?«

»Wissen Sie, ich kann mich nicht entscheiden. Verstehen Sie, ich hätte da zwei Wünsche. Zwei Dinge, die ich mir sehnlicher wünsche als alle anderen Dinge auf der Welt.«

Sie legte mir ihren schweren Arm auf den Rükken. Verständnissuchend sah sie mich an.
»Gut. Sagen wir, ich erfülle dir deine zwei Wünsche, und jemand bekommt Wind von dem Extrawunsch. Dann wäre ich ziemlich angeschmiert.«
Abrupt wandte sie sich ab.
»Das findet niemand heraus. Bitte!«
»Na ja, möglicherweise kann ich doch etwas für dich machen. Aber behalte es für dich.«
Wieder wedelte sie mit dem Zeigefinger vor meiner Nase. Fast schrie sie.
»Ich werde es niemandem erzählen. Versprochen. Bitte.«
»Behalte es für dich.«
»Oh ja, mach ich.«
»Also: Weißt du, wo der alte Uhrenturm ist? Nicht weit von hier, vorbei am Honky-Tonk? Weißt du, gleich an dem Baum an der Weggabelung. Komm da hin. Heute, ungefähr so gegen Mitternacht.«
Sie klatschte mir mit der flachen Hand auf mein nasses Sweatshirt. Dann drehte sie sich um, als wolle sie gehen. Dabei hatte ich ihr doch noch gar nicht gesagt, was ich mir wünschte. Ich hielt sie fest.
»Ja, Ma'am. – Also, diese beiden Dinge, die ich mehr auf der Welt will als alle anderen ...«
»Ich weiß genau, was du willst.«

»Sie wissen das? Sagen Sie bloß, sie lesen auch Gedanken.«
Sie grinste mich an.
»Oh, Kleiner. Da ist kein Gedankenlesen nötig. Ich war auch mal jung, weißt du?«
Die Alte gab mir einen Stups mit dem Ellenbogen, dann begann sie wieder zu tanzen und zog von dannen.

In dieser Nacht war an Schlafen nicht zu denken. Ich legte mich angezogen auf mein Bett und horchte in die Stille vor dem Fenster. Liebestolle Frösche quakten ihre einsamen Balladen, die Zikaden zirpten ihren Blues, und alle halbe Stunde dröhnten die verfluchten Schläge des Uhrenturms herüber und machten mir klar, daß die Zeit sich für mich heute endlos dehnen würde wie der Schulunterricht seinerzeit bei der alten Miss O'Martin.
Als die verdammten Glocken endlich Mitternacht schlugen, machte ich mich völlig angespannt auf den Weg zum alten Turm. Was wäre, wenn die Alte mich hätte verarschen wollen? Andererseits, warum sollte sie? Immerhin hatte ich ihr das Leben gerettet. Und sie wirkte so ... so glaubwürdig.
Die Luft war stickig schwül, ein Gewitter kündigte sich an. Als ich beim Turm ankam, begann es gewaltig zu blitzen und zu donnern. Der

Turm, der mitten zwischen hohen Ulmen im Wald stand, wurde für Sekunden in ein blendendes Licht gehüllt und tauchte dann wieder ein ins Dunkel der rabenschwarzen Nacht.
Ich fing an zu rufen und drehte meine Runde um den Turm, war fest davon überzeugt, hier warte eine wunderschöne junge Frau auf mich, nur aus dem einen Grund, mit mir Liebe zu machen und mir all die Tricks beizubringen, ohne die man sich bei den Mädchen sofort als Anfänger outet.
»Süße!« rief ich in die Dunkelheit. »Schätzchen! Mauseschwänzchen!«
Nirgends auch nur der Fetzen eines Kleides. Da blitzte es erneut. Vor mir, neben dem Turm abgestellt, entdeckte ich ein Motorrad, schöner als alles, was ich mir bisher zu erträumen gewagt hatte. Es war eine Harley-Davidson, eine nagelneue Heritage FLST, die es bei uns in der Gegend sonst nur in zerlesenen Prospekten zu sehen gab. Vor Verblüffung schlug ich die Hände über dem Kopf zusammen. Mein Mund muß meilenweit offen gestanden haben, als ich näher an das Ding herantrat. Ich war überwältigt.
In den kurz aufleuchtenden Blitzen konnte ich mir die Maschine immer nur für ein paar Sekunden ansehen. Softtail-Fahrgestell, tiefergelegter Vordersitz, ein auf dem hinteren Schutzblech

angebrachter Sozius, Scheibenhinterrad aus Alu, Springergabel, das alles war ein absoluter Traum. Die Fee hatte Wort gehalten.
Lachend setzte ich mich auf die Maschine. Zum ersten Mal würden die anderen mich mit höllischem Respekt betrachten und nicht mehr wie einen kleinen Jungen behandeln. Sie würden darum betteln, einmal eine Runde auf der Maschine drehen zu dürfen, und ich würde sie zum Teufel jagen, so, wie sie mich ständig davongejagt hatten.
Übermütig drehte ich den Zündschlüssel herum und startete die Maschine. Sie fing an, gemütlich zu brummen. Ihr Vibrieren setzte meinen ganzen Körper in Erregung. Ich ließ das Gas aufheulen und brauste los, über die alte Landstraße in Richtung Nachbarort. Der Fahrtwind glitt mir kühl über Gesicht und Hände; ich legte mich steil in die Kurven, jagte den Motor auf geraden Strecken hoch, atmete tief die feuchtschwüle Luft ein und genoß die grenzenlose Kraft unter meinem Körper.
Nach ein paar Meilen bog ich von der alten Betonstraßen nach Norden ab und holperte ein paar Runden querfeldein. Trotz der Unebenheiten des ausgedörrten Bodens hatte ich keine Probleme mit der Lenkung, sie war federleicht, so als läge überhaupt kein Druck auf ihr. Mein Scheinwerfer fraß sich seinen Weg durch die

Nacht, der Motor brummte zufrieden vor sich hin, und ich war zum ersten Mal, seit mein Vater mir mit acht meine erste eigene Angel geschenkt hatte, wirklich absolut glücklich.
Plötzlich merkte ich, wie der verdammte Auspuff sich aus seiner Führung löste und langsam immer höher stieg. Ich hatte mir gleich gedacht, daß jemand an dem Ding rumgefummelt hatte, denn der Spoiler am Dämpfer des Rohres gehörte nicht zu den Standards der Serie. Wahrscheinlich hatte sich beim Anschweißen eine Schraube gelockert. Ich bekam einen ziemlichen Schreck. Als dann das Rohr auch noch immer dicker wurde und hinter meinen Rücken klappte, war ich absolut sicher, diese Fahrt würde ich nicht überleben.
Ich fühlte mich wie auf einem schlechten Trip. Das Rohr veränderte seine Form, der Knick nahm die Rundungen eines Knies an, und der Auspuff verdickte sich ober- und unterhalb des Knicks wie Wade und Schenkel eines Beines. Ich drehte mich kurz um und schaute auf den Spoiler. Tatsächlich, er hatte jetzt die Form eines Fußes. Eines verdammt hübschen Fußes, wie überhaupt, je mehr sich das Ding deformierte, das ganze Rohr immer toller aussah.
Die Maschine ließ mir keine Zeit zum Nachdenken. Nachdem aus dem Auspuff ein Bein geworden war, das sich an meine Hüfte legte,

verwandelten sich die Griffe am Lenker meines Choppers in ziemlich süße Hände, deren Finger zärtlich begannen, meine Unterarme zu streicheln, um sie schließlich sanft, aber mit sicherem Griff festzuhalten.

Der Scheinwerfer, der ohnehin schon größer war als bei den meisten anderen Motorrädern, die ich kenne, blähte sich weiter auf und bekam Konturen, als würde aus dem Aluminium ein Gesicht gedrückt. Das Glas wölbte sich vor, so daß der Scheinwerfer ganz die Form eines schmalen Kopfes annahm.

Schließlich begann sich noch der Tank zu verändern. Anstelle des Tankdeckels wuchsen vor meinen Augen zwei wunderhübsche, spitze Brüste auf einem sportlich schlanken Oberkörper. Ich mußte an den zweiten Wunsch denken, den mir die Alte erfüllen wollte, und ich begriff. Das war also die Art, wie sie aus den beiden einen einzigen gemacht hatte, um keinen Ärger mit der Gilde zu bekommen. Ich mußte laut auflachen vor Freude. Ich ritt auf einer wunderschönen Lady, der heißesten Lady der ganzen Gegend und der schnellsten dazu. Und sie, meine Traumfrau auf Rädern, die inzwischen ganz kaffeebraunes Fleisch geworden war, lächelte glücklich zurück, hielt meine Hände und hatte, das war das Schärfste am Ganzen, vor Lust auf mich schon ganz harte Brustwarzen.

Sie preßte meine Taille zwischen ihre Beine und drückte ihr Becken verzückt gegen meine Hose. Sie warf ihren Kopf zurück, auf dem sie eine Art Wollmütze mit dicker, weißer Krempe trug, und schloß genießerisch die Augen. Auch ich schaute nicht mehr, wohin ich eigentlich fuhr, sondern überließ mich meinen Gefühlen. Noch nie hatte mich jemand dort so liebevoll berührt. Ich biß mir auf die Unterlippe, so sehr machten mich ihre rhythmischen Bewegungen an, ihr Vibrieren im Fahrtwind, ihre Lust auf mich. Sie wollte mich. Zum ersten Mal in meinem Leben war eine Frau heiß auf mich und zeigte, daß es toll war mit mir. Ich stöhnte auf, öffnete den Mund, um den Fahrtwind in mich aufzusaugen, mußte lachen vor Glück, hätte heulen können. Ganz sacht begann sie, mich mit ihren Armen ein wenig zu sich herunterzuziehen und mich dann wieder freizugeben, langsam, in einem immer schneller werdenden Takt, während sie gleichzeitig ihren Unterleib fest gegen den meinen preßte. Mein Atem wurde schwerer, und ich merkte, daß ich unweigerlich gleich kommen würde. Es machte nichts, daß es in die Hose ging. Sie lächelte mich an, als habe sie mit nichts anderem gerechnet und als sei dies das Normalste auf der Welt.

»Oh Mann, oh Mann, Süße! Was mach ich mit dir?«

Ich kam am alten Windrad vorbei, das am Eingang des Ortes stand. Irgendwo krähte ein Hahn, es mußte schon spät sein, der Morgen graute bereits. Noch immer fraß sich der Scheinwerfer seinen Weg durch die Nacht, noch immer hatte ich diese Frau unter mir, die nur für mich da sein wollte und sich mir hingab, ohne mich groß zu belehren oder auf mich herabzugucken. Bei ihr konnte ich mich frei und sicher fühlen, konnte ich mich geben wie ich war, ohne mich verstellen zu müssen.
Unter mir begann sich ihr Körper zurückzuverwandeln und wieder die ursprüngliche Form meiner Harley anzunehmen. Aus der rechten Brust wurde wieder ein Tankdeckel, und auch ihr Gesicht bekam wieder seinen metallenen Glanz und bildete sich zurück, bis es wieder die normale Form des Scheinwerfers hatte.
Ich war verzweifelt. Was hätte ich getan, um sie festhalten, sie bei mir behalten zu können? Doch wir waren schon fast bei den ersten Häusern angekommen, und vielleicht war es besser, daß uns niemand dabei beobachtete, wie ich auf ihr über die Landstraße ritt. So behielten wir unser Geheimnis für uns.

Am nächsten Morgen begann ich, mich anders anzuziehen. Ich hatte mein weißes Sonntagshemd hervorgekramt und mir eine graue Seidenweste aus Lesters Kleiderschrank geholt, die er schon seit Jahren nicht mehr getragen hatte. Gerade war ich dabei, mir einen orangekarierten Schlips zu binden, als er mit einer Pfanne zu mir nach draußen kam, wo der einzige Spiegel unserer verdammten Hütte hing.

»Möchtest du das letzte bißchen Huhn, das noch übrig ist?«

»Nein, danke.«

»Hey? Seit wann donnerst du dich denn so auf? Oder haben wir einen Todesfall in der Familie, und ich weiß nichts davon?«

»Ich fahre 'ne Runde spazieren.«

»Du fährst? Womit denn?«

Grinsend zog ich die alte Plane ab, mit der ich meine Heritage abgedeckt hatte, und zeigte Lester die Kiste. Auch ich sah sie nun das erste Mal bei Tageslicht. Die Chromteile glitzerten in der Sonne. An die Seiten des Tanks und auf den Sozius hatte jemand rote Feuerzungen gemalt, was mir in der Nacht noch nicht aufgefallen war. Dadurch sah der Chopper noch gewaltiger aus, als er ohnehin schon war.

»Verflucht, das ist ja eine wunderwunderschöne Maschine. So etwas habe ich ja noch nie gesehen. Wer verborgt denn so was?«

»Was heißt hier ›verborgt‹? Die ist nicht geborgt. Die gehört mir!« Lässig setzte ich mich in den Sattel.

»Hör auf!«
»Ein Geschenk!« Ich dehnte bedeutsam jede Silbe. »Von einer Frau!«
Mit offenem Mund blieb Vater zurück, während ich langsam die Kupplung kommen ließ und abbrauste. Ich fuhr geradewegs zur Clique. Vor dem Honky-Tonk hielt ich an und stellte den Motor ab. Natürlich kamen alle sofort angelaufen, um sich meinen Traum von Maschine anzusehen. Alle waren sie auf einmal freundlich und taten so, als ob nie etwas gewesen wäre. Während sie wie blöde bettelten, mal eine Tour mit mir drehen zu dürfen, gingen mir die Worte der Alten durch den Kopf. Behalt es für dich, hatte sie gesagt. Und ich hatte geschworen, daß ich keinem Menschen davon erzählen würde. Aber ein bißchen damit durch die Gegend zu fahren und anzugeben mußte schließlich erlaubt sein. Sonst hätte es ja völlig gereicht, mir nur den anderen Wunsch zu erfüllen. Das mußte sie schon einsehen.
Also verschränkte ich meine Arme und sagte: »Tut mir leid. Ich kann nicht.«
»Wieso nicht?« kam es wie aus einem Munde.
»Ich kann nicht. Das ist alles.« Und schon brauste ich weiter in Richtung Uhrenturm und durch den Wald davon. Mir war klar, daß sie mir alle hinterhersehen würden. Und ich genoß die Blicke in meinem Rücken beinahe ebenso-

sehr, wie ich es genoß, den Fahrtwind auf meinem Gesicht zu spüren.

In dieser Nacht konnte ich es kaum abwarten, aus dem Ort herauszukommen. Diesmal würde es nicht beim Petting bleiben, soviel war klar. Natürlich hatte ich verflucht Angst vor dem ersten Mal. Jeder, der mir zu erzählen versucht, er hätte keine gehabt, ist ein Spinner. Was für ein Gefühl ist das, mit einer Frau zu schlafen? Unsicher starrte ich auf das Metall unter mir. Nichts tat sich. Hatte sich die Alte dafür gerächt, daß ich ein wenig mit der Maschine vor meinen Freunden geprahlt hatte? Sie mußte doch gewußt haben, daß ich die Kiste auch dafür brauchte, endlich bei meinen Freunden anzukommen. Sie konnte doch Gedanken lesen. Mit jeder verdammten Meile wurde ich verzweifelter. Immer wieder schaute ich auf den Auspuff, ob er sich nicht von seiner Halterung lösen und zu mir hochsteigen würde. Aber nichts geschah.
Endlich, langsam wie in der Nacht zuvor, veränderte sich seine Form. Das Rohr knickte ein und richtete sich auf, bis es auf der Höhe meiner Taille eindrehte und seine wunderschönen Rundungen bekam. Ich lachte erleichtert auf. Ungeduldig drehte ich am Gas, immer darauf gefaßt, daß sich der Griff in eine zarte Hand verwan-

deln würde. Es würde wieder passieren. Und diesmal wäre ich darauf vorbereitet. Hundert Mal hatte ich am Tag die Situation in meinem Kopf durchgespielt und wußte, wie ich reagieren würde.

Sie nahm mich bei den Händen und lächelte mich an. Doch mein Blick ging hinunter zum Tank, ich konnte kaum erwarten, ihn sich verformen zu sehen, bis ich wieder die vollen, runden Brüste vor mir hatte, die nur für mich da waren, nicht zufällig, durch irgendein Fenster erspäht, sondern zum Anfassen, zum Fühlen, zum Streicheln, zum Kneten. Sie würden weich sein und warm ...

Aber ich begriff schnell, dies war eine Seite der Liebe, die ich mit ihr nicht teilen konnte. Trotz der Verwandlung mußte ich die Maschine weiterhin lenken. Und bei dem Tempo, das wir vorlegten, mußte ich davon ausgehen, daß wir mordsmäßig in einem Graben landen würden, wenn ich ihre Arme für längere Zeit losließe.

So begnügte ich mich damit, mir kurz meine Hose aufzuknöpfen und meinen Pint herauszuholen. Meine Traumfrau lächelte mir ermutigend zu und preßte ihre Scham dagegen. Es ist wunderbar, während der Fahrt eine Frau so intensiv zu spüren. Allein das Vibrieren der Maschine treibt einen fast zum Wahnsinn, ohne daß man überhaupt weiter etwas zu tun bräuchte.

Sie rieb sich eine Weile an mir, und ich spürte, wie sie zwischen ihren Beinen feucht wurde. Langsam schob sie sich über meine harte Spitze und nahm mich schließlich ganz in sich auf. Lange fuhren wir die Landstraße weiter, ohne daß einer von uns sich bewegte. Das Vibrieren der Räder auf der unebenen Straße reichte aus, um meine Erregung aufrechtzuerhalten. Dann begann sie, rhythmisch ihr Becken zu bewegen und mich, wie in der Nacht zuvor, langsam zu sich zu ziehen und wieder auf Abstand zu bringen.

Das Gefühl war unbeschreiblich. Ein Kribbeln machte sich in meinem ganzen Körper breit. Ich schnappte nach Luft. Irgendwo am Eingang ihrer Scheide mußte sie einen Muskel haben, dessen Existenz ich mir nicht hätte erträumen lassen, denn sie begann, mich in sich zu drükken, als wolle sie mich melken. Sie hielt mich fest, ließ mich dann wieder los, immer wieder, regelmäßig, immer schneller. Ich schrie auf vor Lust, ich war glücklich.

Wir rasten durch die Nacht, ich in ihr, mit über hundert Sachen über die Felder und durch die Wälder, die wir um diese Zeit allein für uns hatten. Lange blieb ich in ihr, genoß ihre Wärme und Nähe. Ich merkte kaum, wie es langsam um uns immer heller wurde und die Nacht zu Ende ging. Als wir zurück zum Dorf kamen, krähte bereits wieder der Hahn.

Tagsüber pflegte ich die Maschine, rieb ihre Aluteile mit einem Frotteetuch blank und küßte den Scheinwerfer oder fuhr mit meiner Hand über den Tank, immer daran denkend, zu was für wundervollen Körperteilen sie während unserer gemeinsamen Nächte wurden.

Doch wenn Vater mich rief, legte ich mich schnell unter den Wagen, den ich gerade reparieren sollte. Er brauchte von meiner heimlichen Leidenschaft nichts zu erfahren. Aber eigentlich war diese Vorsorge überflüssig. Er hatte längst bemerkt, womit ich meine meiste Zeit verbrachte.

»Sicher fummelt er wieder an dieser verdammten Maschine rum«, hörte ich ihn einmal schimpfen, während ich schnell unter den alten Ford der Hendersons verschwand. »Leroy! Besuch für dich.«

Unter dem Heck des Wagens konnte ich zwei lange Beine sehen, die unter einem gegen das Sonnenlicht fast durchsichtigen Rock hervorschauten, Beine, die kein Ende nehmen wollten... So schnell ich konnte, kam ich unter dem Wagen hervor.

»Besuch? Für mich?«

Es war Della. Sie hatte einen großen, weißen Strohhut auf dem Kopf und lachte mich freundlich an, während sie verspielt ein Kaugummi von der linken in die rechte Wange schickte.

»Wir sehen dich in letzter Zeit gar nicht mehr beim Tanzen, Leroy.«
Schmunzelnd verzog Vater sich zu seinen Zapfsäulen.
»War denn je einer scharf darauf, mich beim Tanzen zu sehen – bis heute?« fragte ich. Verbittert sah ich sie an. Sie grinste unsicher. Sollte sich wirklich alles ändern, nur weil ich jetzt meine Harley hatte?
»Deine Maschine sieht echt super aus«, wechselte sie prompt das Thema.
»Da hast du recht.«
»Ich wünschte wirklich, jemand würde mich darauf mitfahren lassen.«
»Na klar. Sich was zu wünschen ist ja keine Schande.«
»Ich habe dich immer gern gehabt.«
So, so. Auf einmal gesteht sie mir ihre große Liebe. Das, was ich eigentlich mit meinem Wunsch erreichen wollte, kam mir nun gar nicht mehr erstrebenswert vor. Alles war so hohl, so durchschaubar. Ich wollte nichts anderes als zurück unter meinen Wagen und in Ruhe an den Schrauben herumbasteln.
»Ich ... ich muß weiterarbeiten.«
Ich legte mich auf das Rollbrett und zog mich unter den Wagen. Wieder hatte ich ihr Kleid vor mir, das die Sonne mühelos wegradierte.
»Ich bin heute abend, wenn's dunkel wird, vor

dem Honky-Tonk und warte auf dich. Ich habe dich immer gern gehabt.«
Noch einmal warf ich sehnsüchtig einen Blick auf ihre nicht enden wollenden Beine und den buschigen Halbkreis zwischen ihnen, dann begann ich von neuem, mich an der Unterseite des Wagens zu schaffen zu machen. Junge, das konnte nicht gutgehen!

Gegen Abend herrscht im Honky-Tonk immer eine völlig ausgeflippte Stimmung. Wenn die Clique nur genug Alk in den Adern hat, singt und groovt sie im Takt mit Patterson, der den alten Blues auf eine Art bringt, als sei er gestern erst geschrieben worden.
Doch als ich jetzt mit meiner Harley um die Kurve zu ihnen fuhr, sah ich Richard im Garten aufspringen und in den Laden laufen. Wahrscheinlich hatte er Wache gehalten und auf mich gewartet. Klar, zur Zeit war ich der Held. Della saß auf einer Bank, gestützt auf ihren Regenschirm, und sah mich mit verführerisch offenem Mund und Schlafzimmerblick erwartungsvoll an. Sie war wohl fest davon überzeugt, ich sei gekommen, um sie mitzunehmen.
Richard hatte drinnen Bescheid gegeben, und gleich darauf kamen alle rausgelaufen, meine verdammte Maschine zu besichtigen. Doch ich hielt nicht an, sondern fuhr ohne das Tempo zu

drosseln an ihnen vorbei. Ihre Gesichter hätte ich sehen mögen.
Ich hatte ja mein Baby, meine heißgeliebte Maschine. Mittlerweile waren wir so gut aufeinander eingespielt, daß ich sie ganz schön ins Schwitzen brachte, wenn wir miteinander Liebe machten. Und sie sah galaktisch aus, wenn ihr nackter Körper vor Schweiß glänzte. Ich fuhr immer besser. Jetzt war es auch kein Problem mehr, mich zu ihren Brüsten runterzubeugen und an ihren Spitzen zu knabbern, ohne dabei die Kontrolle über die Harley zu verlieren. Ich liebte ihren salzigen Geschmack, preßte ihre Haut zwischen meine Lippen, streichelte sie mit der Zunge, biß vorsichtig in ihre Schultern, während wir eins waren und das Zittern der Maschine genossen. Und sie, sie lächelte mich an, ihre Beine um meinen Rücken geschlungen.

Am nächsten Tag, nachdem er seine Werkstatt geschlossen hatte, kam Lester zu mir und fragte: »Du hast nicht zufällig Lust, nachher nach dem Abendessen eine Runde Dame zu spielen, oder?«
»Habe ich nicht, nein«, grinste ich zurück.
»Wie ich sehe, hast du inzwischen 'ne Freundin gefunden. Die ganzen Muschipickel sind alle weg.«

Was sollte ich groß sagen? Ohne zu antworten, setzte ich mich auf meine Harley und brauste davon.
Im Wald wartete Della auf mich. Sie hatte ein rotes Top angezogen, das ihren halben Bauch freiließ, und trug dazu einen weißen Rock. Ich ahnte schon, daß das nicht gutgehen würde. Sie sah einfach zu gut aus. Als sie mich sah, kam sie humpelnd und winkend auf die Straße gelaufen. Mit schmerzverzerrtem Gesicht rief sie meinen Namen.
Ich hielt vor ihr an und schaute mir ihr Bein an, während sie an meine Seite humpelte, den Oberkörper vorgebeugt, als könne sie nicht mehr gerade stehen. Ihre großen Brüste baumelten unübersehbar direkt vor meiner Nase aus dem nicht allzu engen Ausschnitt hervor. Ich gab mir alle Mühe, nicht zu direkt auf sie zu starren, aber es war nicht einfach.
»Hast du dir irgend etwas getan?«
»Mein Bein. Ich habe es mir irgendwie verstaucht.«
Unwillkürlich mußte ich daran denken, wie sie mich in der Garage besucht hatte. Sie hatte wirklich tolle Beine.
»Ich fahre schnell Hilfe holen.«
»Kannst du mich nicht einfach ein Stück mitnehmen? Sagen wir, bis zum Honky-Tonk?«
Ich saß echt in der Klemme. Natürlich dachte

ich sofort an die Stimme der Alten, die mich gewarnt hatte, das Rad unbedingt für mich zu behalten.

»Ich würd's tun, aber Motorräder sind nun mal sehr gefährlich.«

»Ich weiß. Ich kann fahren. Mein Bruder hat's mir beigebracht.«

Wieder dachte ich an ihren durchsichtigen Rock.

»Ich denke, das geht wohl klar«, sagte ich schließlich und ließ sie aufsteigen.

»Nicht hinsehen«, sagte sie, als sie das Bein hob und auf die Maschine stieg.

»Mann, Junge. Als ob ich nicht wüßte, wie ein Slip aussieht!«

»Wer hat denn gesagt, daß ich einen Slip trage? Bei der Hitze!«

Ich kniff meine Augen zusammen, aber es half nichts. Ich stellte mir ihre dunkelbraunen Haare zwischen ihren Beinen vor, die jetzt auf dem kühlen Leder meines Sozius scheuerten. Sie schlang ihre Arme um meinen Bauch, und ich hoffte nur, sie würde die Beule in meiner Hose nicht fühlen. Ich schluckte und fuhr los, ohne mich noch einmal nach ihr umzusehen.

»Können wir nicht noch ein bißchen weiter fahren?« bettelte sie, als wir beim Honky-Tonk angekommen waren. Die Clique sang und tanzte im Garten.

Bis hierher war alles gutgegangen. Warum also sollte ich es nicht wagen? So fuhren wir an der überraschten Gang vorbei. Della winkte fröhlich. Es wurde immer später, und jedesmal, wenn ich sie absetzen wollte, bettelte sie, noch ein Stück weiterzufahren. Je länger wir fuhren, desto deutlicher hörte ich ihren Atem an meinem Ohr. Ich dachte nur an ihre nackte Haut auf dem Leder ... Della klammerte sich an mein Jackett, als stände sie kurz vor einem Orgasmus.

Die Nacht brach an, der Hahn krähte, und schließlich kam, was kommen mußte, die Maschine begann sich unter mir wie an jedem Abend zu verwandeln. Aber sie lächelte nicht wie sonst. Schnell merkte sie, daß ich nicht allein war.

»Du dreckiger ...« rief sie, während sich ihr Tank gerade wieder zu ihrem wunderschönen Oberkörper verformte.

Ich lächelte sie verzweifelt an.

»Ich kann alles erklären!« versuchte ich einzulenken, doch sie hörte mir gar nicht zu.

»Du dreckiger Mistkerl«, rief sie wieder und begann, mich zu schütteln, als wolle sie mich abwerfen. Eine Weile kämpfte ich mit der Maschine. Della, die zunächst gar nicht begriff, was eigentlich los war, fing an, ängstlich zu schreien. Meine Lady war wütend und riß mit ihren Armen an mir. Natürlich begann die

Maschine zu schlingern. Ich hatte alle Mühe, nicht die verdammte Kontrolle zu verlieren. Dann flog Della mit einem gellenden Schrei im hohen Bogen vom Rad. Einen Moment noch konnte ich die Maschine auf der Straße halten, dann rammte ich am Straßenrand gegen einen alten Holzzaun und sauste einen laubbedeckten Abhang hinab. Ich knallte auf den Rücken, während mein Kopf gegen einen morschen Ast dröhnte. Zum Glück fühlte ich kein Blut. Erledigt blieb ich liegen.

Della kam zu mir und beugte sich über mich, um zu sehen, ob mit mir alles in Ordnung war. Ihre großen Brüste baumelten wieder in voller Pracht direkt vor meiner Nase. Ich stöhnte.

»Ich fahre in die Stadt zurück, Hilfe holen«, rief sie und kletterte auch schon vor mir den steilen Abhang hinauf. Und da hatte ich ihn dann zum ersten Mal direkt vor mir, ihren kleinen, runden Hintern, der unter ihrem kurzen Rock hervorwackelte, aus der besten Perspektive, die es für so etwas gibt. Und dort, wo die beiden runden Hälften sich teilten, glänzte ihr wollener Busch in seiner ganzen Pracht.

Als sie über den Zaun kletterte, leuchtete der Scheinwerfer meiner Harley noch einmal in ihren weiten Ausschnitt. Mir war klar, daß dies das letzte sein würde, was ich für lange Zeit von einer Frau zu sehen bekäme.

Sie schwang sich auf die Maschine und war kurz darauf verschwunden. Sie hatte die Harley für sich. Ich hörte, wie sie den Motor aufheulen ließ und in Richtung Stadt davonbrauste. Den Rest kann ich mir nur vorstellen. Den Kick, den sie bekam, als sie selbst am Lenker der Maschine saß. Und die Verwunderung, als plötzlich aus dem Griff eine Hand wurde. Denn genau das mußte geschehen sein.
Ich hörte, wie der Motorenlärm immer leiser wurde und schließlich in der Ferne verschwand. Nur das Quaken der Frösche umgab mich noch. Ein leichter Benzingeruch lag in der Luft, der sich mit dem Moder des trockenen Laubs mischte, in dem ich lag. Irgendwo raschelte es im Unterholz. Und dann kam der Motorenlärm zurück. Sie hatte also während der Fahrt gewendet, denn in dieser kurzen Zeit konnte sie unmöglich bis zur Stadt gekommen sein. Schließlich sah ich sie. Lachend brauste sie an mir vorbei, sie ritt auf einem muskulösen Mann, der ihre Hände fest im Griff hatte ... Ich hatte mit einem Schlag zwei Frauen verloren und war wieder da, wo ich angefangen hatte. Bei Null.

Der flämische Meister

Eigentlich begann alles recht alltäglich: Eine junge Frau erscheint nicht zu ihrer Hochzeit und ist seitdem verschwunden. Ihr Verlobter meldet sie auf dem Revier als vermißt, und eine Fahndung wird eingeleitet, von der jeder weiß, daß sie zu keinem Ergebnis führen wird: Wer hier in New York verschwinden will, dem gelingt das auch ohne allzu große Mühe.

Das Ganze ereignete sich Anfang Juli diesen Jahres. Ich wurde von der Redaktion der *New York Guardian* darauf angesetzt zu prüfen, ob die Fakten eine Story hergäben. Mit dem Fahndungsfoto bewaffnet machte ich mich an die Recherche.

Teresa, so hieß die Verschwundene, war dem Foto nach zu urteilen ein eher unscheinbares Mädchen Anfang Zwanzig. Sie wirkte schüchtern, mädchenhaft durch ihre glatt fallenden, langen Haare. Aber in ihren Augen spiegelte sich eine herzliche Wärme. Der Personenbeschreibung nach war sie Zahnarzthelferin, und in jener Praxis, in der sie arbeitete, erhielt ich die ersten Hinweise auf die wirklich ungewöhnlichste Geschichte, die ich im Laufe meiner Karriere zu recherchieren hatte.

»Wir kennen Teresa jetzt seit sechs Jahren, vielleicht sogar länger«, erzählte mir Dorothy, eine ihrer Kolleginnen bei unserem ersten Treffen. Sie war die ältere der beiden Praxishelferinnen, Mitte Dreißig vielleicht, hatte rote, wahrscheinlich gefärbte Haare und auffallend große Ohrringe.

Kim, die zweite Angestellte, mochte Mitte Zwanzig sein. Sie hatte einen braunen Lockenkopf, teilte aber Dorothys Vorliebe für ausgefallene Ohrringe. Es war ihr anzusehen, daß sie begierig das Leben in seiner ganzen Fülle in sich aufzunehmen versuchte.

Die beiden Frauen hatten mich für die Mittagspause zu sich bestellt, und gemeinsam waren wir zum *Metropolitan Museum of Art* gelaufen, um es uns auf der großen Freitreppe in der Sonne gemütlich zu machen. Wir waren nicht die einzigen, die hier ihre Zeit verbrachten. Überall auf den Stufen saßen Leute herum, die an irgendwelchen mitgebrachten Nahrungsmitteln kauten oder einfach nur das Wetter genossen.

»Teresa, Kim und ich, wir waren die besten Freundinnen«, fuhr Dorothy fort. »Wir haben

wirklich alles zusammen durchgezogen. Den Job, die Mittagspause. Klar, auch das Nachtprogramm. Aber hallo.
Entweder haben wir uns die Kalorien aus dem Delikatessenladen geholt oder die Hot Dogs von unserem Griechen. Und dann sind wir die Fifth Avenue rüber, direkt zum Museum. Und wir haben hier jeden Mittag gegessen. Natürlich nicht, wenn es regnete. Dann verzogen wir uns wieder in die Praxis von Dr. Rosenman. Aber der meckerte immer über Teresas Chili-Burger. Das Aroma war nicht gut für die Bilanz, oder so was. Eines Tages, es muß so vier Wochen her sein ... Ich dachte, ich hör nicht richtig, als Teresa plötzlich sagte ›Ich will da reingehen.‹«
In Teresas Tagebuch findet sich ein Eintrag über diesen ersten Besuch. Joey, ihr Freund, hatte das kleine, grüne Buch beim Stöbern in ihrem Schreibtisch entdeckt, nachdem sie verschwunden war. Wohl weil er hoffte, Teresa würde früher oder später wieder auftauchen, hatte er sich jedoch nicht getraut, das Schloß aufzubrechen. Es bedurfte meiner ganzen Überredungskunst, ihm klarzumachen, ohne Hilfe dieses Buches werde er vielleicht nie wieder etwas von ihr hören. Schließlich überließ er es mir, er selbst wollte nicht einmal einen Blick hinein werfen. Er befürchtete, sie könne ihm diesen Vertrauensbruch übelnehmen.

Ich bin heute nicht mehr sicher, welchen Wert das Tagebuch tatsächlich besitzt. Diente es Teresa dazu, in stillen Stunden am Schreibtisch ihrer Phantasie freien Lauf zu lassen, oder versuchte sie, Ereignisse festzuhalten, die so ungewöhnlich waren, daß sie durchaus einem *X-File* hätten entstammen können? Fest steht, Teresa ist verschwunden, und vielleicht können ihre Aufzeichnungen helfen nachzuvollziehen, wohin sie ging.

Aus Teresas Tagebuch:

6. Juni 1995

In wenigen Wochen werde ich heiraten. Und wahrscheinlich wird dann eine Tür endgültig zuschlagen. Nicht, daß ich Joey nicht liebe, aber ich habe bisher sowenig von dieser Welt gesehen, so wenige Menschen kennengelernt, die mich in ihrer Art wirklich überzeugen.

Seit Jahren sitzen wir in jeder Mittagspause vor diesem riesigen Kalksteinbau, so, als sei das nur ein massiver Kasten ohne Innenleben. Es war doch nur natürlich, daß ich irgendwann einmal auch hineingehen wollte. Als ich ihnen das erzählte, sahen Dorothy und Kim mich an, als ob ich langsam den Verstand verliere.

Trotzdem bin ich heute in der Mittagspause

hineingegangen. Es liefen ein paar Sonderausstellungen, Das griechische Wunder, Der Tagtraum *und solche Sachen. Da gab es eine griechische Statue, wohl einer dieser Götter, ich hatte seinen Namen vorher noch nie gehört, muskulöser Körper, Siegerpose, in der einen Hand ein Schwert, in der anderen einen Frauenkopf, abgetrennt von ihrem Körper, ziemlich brutal.*

Der Typ war nackt. Bisher habe ich nur Joey nackt gesehen, ich meine, wirklich nackt, nicht nur aus diesen zensursicheren Kamerawinkeln im Kino. Das Geschlecht dieses Gottes war nicht besonders groß, reichte nicht einmal über den Hoden hinaus. Aber immerhin, ich konnte mir das Teil anschauen, ohne auch nur einen Funken von schlechtem Gewissen haben zu müssen. Das traue ich mich nicht einmal bei Joey. Der wird immer gleich unsicher und macht dann seine merkwürdigen Sprüche.

In der Abteilung der europäischen Kunst entdeckte ich das Bild eines Niederländers, Pieter de Hoogh. »Der Trinker« hieß es. Es waren vier Leute darauf, zwei Männer und zwei Frauen in einem alten Wohnzimmer. Ich habe noch nie ein so verführerisches Lächeln gesehen wie bei diesem jungen Mann im schwarzen Mantel …

Auch Dorothy konnte sich gut an diesen Tag erinnern, als ihre Freundin zum ersten Mal das *Metropolitan* betrat: »Stellen Sie sich mal vor: Über eine Stunde war sie da drin. Mal ehrlich, was gibt's denn da groß zu sehen. Sie kam sogar zu spät zur Vierzehn-Uhr-Spülung von Mr. Axelrodt. Ich sage ihnen: Dr. Rosenman war stinksauer.«
Neugierig geworden, machte ich mich selbst auf ins Museum, um mir dieses Bild de Hooghs anzuschauen, denn es schien in der Geschichte eine Schlüsselrolle zu spielen. Es war eine barocke Darstellung eines großbürgerlichen Wohnraums im Stile Vermeers, ein Bild, das keinen besonderen Eindruck auf mich hinterlassen hätte, wenn ich nicht gewußt hätte, wie fasziniert Teresa von ihm gewesen war. Um ein bißchen mehr zu verstehen, schloß ich mich einer Reisegruppe an. Ich habe meinen Rekorder mitlaufen lassen:
»Eine typisch häusliche Szene. Brillant dargestellt. Zu Ihrer Linken sitzt ein Mann mit einem breiten, schwarzen Hut, der genüßlich an einer Tonpfeife zieht. Beachten Sie nur den raffinierten Faltenwurf des Tischtuchs, auf dem sich ein Kerzenständer und ein Glas befinden, ich vermute, gefüllt mit Wein. Der Mann hat lange Haare und trägt das typisch goldene Samtjakkett eines flämischen Kaufmanns. Über ihm das

Fenster: Die warmen Wogen des Lichts lassen uns an einen Nachmittag denken. Und diese junge, hübsche Frau hier hält ein wenig nachlässig ihr Weinglas in der Hand. Sie trägt eine weiße Haube, eine weiße Bluse und einen fußlangen, roten Rock, charakteristisch für das Amsterdam des siebzehnten Jahrhunderts. Ich meine, sie hat bereits ein Gläschen getrunken. Hinter dem Tisch steht noch ein Mann. Er trägt einen schwarzen Mantel mit weißem Kragen, entsprechend seinem gesellschaftlichen Rang. Zu seiner linken ein älteres Weib, höchstwahrscheinlich die Haushälterin. Sie preßt die rechte Hand an ihren Busen, vermutlich aus Sorge über das Trinkverhalten der jungen Frau. Hinter der Gruppe eine geöffnete Tür, die ins Schlafzimmer führt, in dem sich ein Schrank befindet. Obendrauf sehen Sie eine kleine Figur, die typische Darstellung des griechischen Götterboten Merkur. Den Symbolgehalt für dieses Bild überlasse ich Ihrer Phantasie. Und nun folgen Sie mir bitte in den nächsten Ausstellungsraum, zu den Präraffaeliten.«

Aus Teresas Tagebuch:

... Der Typ hat es mir angetan. Er hat ein schönes, schmales Gesicht, volle Augenbrauen und schwere Lider. Seine Nase ist vielleicht

ein bißchen gebogen, aber ziemlich schmal, und auf seinen Lippen liegt ein Glanz, als hätte er sie gerade erst mit der Zunge abgeleckt. Eine angenehme Ruhe geht von ihm aus, es scheint ihn eher zu amüsieren als zu stören, daß die Frau, der er gerade zu trinken eingießt, schon einen Schwips hat.

Kim war recht aufgebracht, als sie von jenem ersten Besuch Teresas im Museum erzählte. Sie konnte Teresas Interesse nicht nachvollziehen und ereiferte sich zunehmend, während sie von Zeit zu Zeit kräftig in ihren Hot Dog biß.
»Zugegeben. Kunst oder so ist echt nicht unser Ding. Ich meine, seit mindestens zwei Jahren kommen wir hierher, aber da wären wir sicher niemals reingegangen. Also, unter Kunst stelle ich mir wirklich etwas anderes vor, zum Beispiel 'ne heiße Nacht im Chippendale's.«
Die beiden Frauen sahen sich verschwörerisch an und gaben sich zum Zeichen ihres gegenseitigen Einverständnisses die Hand.
»Wir hatten sie zu diesem Frauenabend eingeladen. Wir wollten noch einmal so richtig einen draufmachen, so kurz vor ihrer Hochzeit. Direkt vor ihrer Nase bebte ein Meisterwerk männlicher Anatomie. Bis ins letzte durchtrainierter Körper, knackiger Po. Na, sie wissen schon. Und sie? Nichts. Sie langweilte sich. Es

soll ja Leute geben, die so kurz vor ihrer Hochzeit komisch drauf sind, ich bin ja nicht blöde. Aber Teresa? Ich weiß nicht.«

Aus Teresas Tagebuch:

9. Juni 1995

Kim und Dorothy haben mich gestern abend in einen Männerstrip eingeladen, vielleicht als Ausgleich zum Museumsbesuch. Aber vielleicht meinten sie auch, mich irgendwie bekehren zu müssen. Na ja. Die Typen auf der Bühne waren ja ganz gut gebaut, aber ihre Show war ziemlich daneben. Mit einem Ruck die Hose aus, und darunter kaum mehr als einen nietenbeschlagenen Lederslip, der die Genitalien verdeckt, den Hintern jedoch völlig frei läßt. Im Rhythmus der Musik ließen sie die Muskeln ihrer Pobacken spielen, stießen ihr Geschlecht vor den Gesichtern der Frauen in der ersten Reihe herum und wanden sich lasziv um irgendwelche Säulen. Sie brachten Dorothy und Kim völlig zum Ausrasten. Die beiden trommelten auf die Balustrade, lockten mit ihren Händen und hätten sich am liebsten auf die Bühne gerobbt, um diesen Supermännern näher zu kommen. Als sie einem von ihnen ein paar Scheine in den Gürtel stecken konnten, wurden sie vor Verzückung fast ohnmächtig.

Ich fand diesen künstlich rausgestellten Machismo einfach lächerlich. Was konnten die beiden dem bloß abgewinnen? Die Typen auf der Bühne hätten jede angemacht, die ihnen ein paar Dollar in den Slip steckte. Alles, worauf sie aus waren, war Geld. Ich sehnte mich die ganze Zeit nur nach dem Mann im Mantel vom Bild im Museum. Sein Lächeln war zärtlich und irgendwie ernstgemeint. Warum nur ist Joey nicht auch so?

Um Joey zu finden, mußte ich nach Downtown. Er war gerade dabei, eines liegengebliebenen Pkws wegen den Verkehr zu regeln, eine überflüssige Beschäftigung, denn der Verkehr hier war nicht besonders stark, und so wedelte er nur lustlos mit seinem Stock herum, ohne seinen Job besonders ernst zu nehmen. Wahrscheinlich war er dankbar, als ich ihn ein paar Minuten sprechen wollte.

»Na klar war ich irgendwie sauer«, erklärte er mir betont lässig. »Ich meine, zwischen Teresa und mir war doch alles klar. Ja, unsere Hochzeit, drüben in Brighton Beach, in drei Wochen. Ich hatte den Priester organisiert, und den Chor, und die weißen Blumen. Ich hatte sogar noch diesen schneeweißen Cadillac gemietet. Mann, und auf einmal geht's los. Sie stellt mir verdammt merkwürdige Fragen. Warum ich mir denn die Haare nicht wachsen lasse. Denn schließlich hätten alle romantischen Männer der Geschichte lange Haare. Also, Poeten, Künstler. Sogar an den letzten Mohikaner hat sie gedacht. Und ich sage, weißt du, ich bin ein New Yorker Cop, verdammt. Was würde mein Captain dazu sagen?«

Mein Besuch beim Priester, bei dem die Trauung hatte stattfinden sollen, war wenig ergiebig. Er empfing mich am Altar seiner Kirche, hinter dem er sich für die Dauer des Gesprächs verschanzte, so als wolle er dem normalen Volk nicht zu nahe treten. Sein irischer Akzent war scheußlich und stellenweise kaum zu verstehen. Er schien sich bei dem Vorgespräch, das die beiden mit ihm hatten führen müssen, kein persönliches Bild von ihnen gemacht zu haben. Es war jene Sorte Priester, die ich immer am meisten verachtet habe.

»Ich finde es völlig normal«, rieb er sich in salbungsvollem Tonfall die Hände, »wenn ein Paar in Erwartung des baldigen Ehebundes, in froher Erwartung eines lebenslangen Vertrages sich Fragen stellt, geplagt von Zweifeln und von der Furcht, und doch seinen Seelenfrieden wiederfindet durch die Liebe Gottes.«

Er lächelte mich altväterlich an, als sei damit alles gesagt. Einen Moment lang wollte ich etwas Spitzes entgegnen, aber ich verkniff es mir. Was mich neugierig machte, war jene Veränderung, die sich in Teresa in jenen Tagen vollzogen haben mußte und die Joey andeutungsweise an ihr bemerkt hatte. Also beschloß ich, noch einmal zu Dr. Rosenmans Praxis zu gehen und die beiden Zahnarzthelferinnen zu sprechen.

Aufgrund des dichten Verkehrs kam ich erst kurz nach sechs dort an. Ich klingelte, und Dorothy öffnete die Tür. Sie war leicht verlegen, was ich gleich darauf verstand. Kim lag auf dem Behandlungsstuhl und hatte sich eine Narkosemaske über die Nase gestülpt.

»Na ja, wir bleiben meistens hier, wenn Dr. Rosenman gegangen ist«, erzählte Dorothy. »Auf 'ne Prise Lachgas. Verstehen Sie, um uns zu entspannen. Aber Teresa wollte plötzlich nicht mehr.«

Und Kim, die mich gerade erst entdeckt zu haben schien, fügte ein wenig benommen hinzu: »Wir sollten uns lieber dieses dämliche Bild da reinziehen, meinte sie.«

Sie seien dann tatsächlich einmal zu dritt ins Museum gegangen, doch war es den beiden schwergefallen, Teresas Begeisterung zu teilen. Gemeinsam saßen sie eine Weile auf der Bank vor dem Bild. Teresa starrte gebannt auf die Leinwand, völlig fasziniert von dem, was sie dort sah. Doch ihren Freundinnen wurde die Sache schnell langweilig. Sie beschlossen, Teresa allein zu lassen und ihre restliche Mittagspause sinnvoller zu nutzen.

»Sie wollte uns echt einreden, daß das Bild wahnsinnig sei, und daß sie den Typen unheimlich scharf finde. Also, das ist meine ganz persönliche Meinung: Joey, ihr Verlobter, den finde ich richtig geil. Den kannst du zumindest anfassen.« Kims Augen funkelten.

Aus Teresas Tagebuch:

15. Juni 1995

... Gerade wollte ich gehen, als ich hinter mir ein Lachen hörte und dann ein Geräusch, das wie zerbrechendes Glas klang. Ich drehte mich um und traute meinen Augen nicht. Wäre ich nicht gerade erst aufgestanden, hätte ich wahrscheinlich vermutet, einfach zu träumen. Die junge Frau auf dem Bild war von ihrem Stuhl gefallen. Die Haushälterin lief zu ihr, um ihr aufzuhelfen. Die beiden Männer lachten nur.

Das Bild schien lebendig geworden zu sein. Die junge Frau stieß arrogant die Haushälterin von sich, die verzweifelt zurücktrat und zusehen mußte, wie die Frau in ihren hilflosen Versuchen, wieder auf die Beine zu kommen, die Damastdecke vom Tisch riß.

Das Allerunglaublichste aber war, daß der Mann im schwarzen Rock, den ich so bewunderte, mich mit einem Mal anzusehen schien. Er lächelte sogar. Dann wurde sein Gesicht für einen Augenblick ernst, so, als wäre ihm die Situation meinetwegen etwas peinlich. Aber gleich wieder huschte ein gewinnendes Lächeln über seine Mundwinkel.
Ich sah ihn sprachlos an. Meinte er wirklich mich? Er war so fern, so unerreichbar, so ganz anders als Joey. Der ist in seiner Art unglaublich konservativ und überlegt bei allem, was er tut, erst einmal, was die anderen darüber denken oder sagen würden. Der Mann auf dem Bild dagegen wirkte so selbstbewußt, daß ihm wahrscheinlich völlig egal war, ob andere mit ihm zurechtkamen oder nicht. Sein Blick hatte etwas Verschwörerisches. Er wußte, ich schaute zu und fühlte wie er. Instinktiv wurde mir klar, bei ihm könnte ich sein, wie ich bin, er würde sich um mich kümmern und für mich da sein, wie er sich jetzt um die Betrunkene kümmerte. Er war wunderschön.
Leider schien er mit dieser Frau zusammenzuleben. Em Grund mehr, ihn mir aus dem Kopf zu schlagen. Was für einen Sinn machte es, mein Herz an diesen Typen zu hängen?

Für ihn mußte ich eine von unendlich vielen Besucherinnen sein, die jeden Tag im Museum vorbeikamen, um ein wenig Bildung zu tanken. Er mußte es gewohnt sein, daß Frauen vor dem Bild stehenblieben und sein Aussehen bewunderten. Warum sollte er sich gerade von mir angesprochen fühlen? Ich bin nicht besonders schön, fand mich eigentlich immer ziemlich unscheinbar. Doch nun lächelte er mich an, als wäre er viel lieber mit mir zusammen als mit dieser Trinkerin, die ihm offensichtlich schon auf die Nerven fiel.

In meine verworrenen Gedanken hinein surrte eine Rollstuhlfahrerin, eine Museumsbesucherin, die gleichgültig vor sich hinstarrte und von all dem nichts mitbekam. Der Zauber war gebrochen. Das Bild sah aus wie immer. Enttäuscht verließ ich das Museum.

Als nächstes standen Teresas Eltern auf meiner Liste. Unser Gespräch fand in der Küche statt, wo ihre Mutter, bekleidet mit einem geblümten Morgenmantel und Lockenwicklern im Haar, gerade damit beschäftigt war, ihrem Mann ein paar Würste in der Pfanne zu braten. Sie schien es lange schon aufgegeben zu haben, sich für ihren Mann hübsch zu machen.

Die Küche selbst war ganz im Stile eines eklektischen Pragmatismus eingerichtet. Über einem alten, schwarzverkrusteten Gasherd hatten sie einen modernen, elektrischen Multifunktionsgrill an die Wand geschraubt, unter den ornamentverzierten schwarzlackierten Holzhängeschränken billige Plastikhänger befestigt. Auf der Ablage neben der Spüle reihten sich Kaffee- und Keksdosen neben Einmachgläsern, um die wichtigsten Küchenutensilien zu beherbergen. Nichts paßte zusammen.

Teresas Vater saß am Tisch und las Zeitung. Er trug ein zartrosa geblümtes Hemd, weit über die Brust geöffnet, mit Blick auf ein weißes Unterhemd. Ein Goldkettchen mit einem Kreuz hing an seinem Hals. Er war Italiener, seine Frau schien ihn aber deutlich unter ihrer Fuchtel zu haben. Er wagte es kaum, mich direkt anzusehen, und wenn er überhaupt redete, tat er es mit einem Seitenblick auf sie.

»Sie hat sich einfach verändert«, erklärte sie mir. »Ich weiß nicht, wie ich's Ihnen sagen soll. Ja, und diese komischen Ideen, die ihr in den Kopf kamen, meine Güte. Keine Ahnung, von wem sie das hat. Nun, sie sagte, sie hätte Angst, denn wenn sie heiratet, dann wäre ihr Leben nur noch langweilig. Ich sagte: ›Was hat denn das eine mit dem anderen zu tun. Dein Vater und ich langweilen uns schon seit fünfundzwan-

zig Jahren! Glaubst du, das macht uns Spaß? Aber wir erfüllen eben unsere Pflicht.‹ Ist doch richtig, Frank?«
Er nickte. »Das war nicht mehr meine kleine Teresa. Für mich nicht mehr«, sagte er.
Aber was ging in ihr wirklich vor? Aus den beiden war nicht mehr herauszubekommen. So fuhr ich am nächsten Tag noch einmal zu Dr. Rosenman, den ich am Nachmittag verpaßt hatte. Ohne Termin jedoch konnte ich bei seinem vollen Kalender nicht viel erreichen. Er ließ sich gerade auf ein paar Sätze ein, während er einer jungen Frau den Mund untersuchte.
»Ich habe es erst an ihrer Arbeit gemerkt. Sie verwechselte die Röntgenbilder von Mrs. Rosinskys Wurzelkanal mit denen von Mr. Kadinskys Backenzähnen«, erzählte er.
Kim betrat mit ein paar frisch sterilisierten Instrumenten das Zimmer und reichte sie dem Arzt.
»Halten Sie sich fest, es kommt noch viel besser«, ergänzte sie seine Auskunft. »Sie machte Röntgenaufnahmen von Fingern, Ohren und Schlüsselbeinen.«
Mit einer Kopfbewegung winkte sie mich aus dem Behandlungszimmer. Was sie mir zu erzählen hatte, war nicht für Dr. Rosenmans Ohren bestimmt.
»Und dann wollte sie nur noch über Sex reden.

Ja, über Sex. Aber das paßt überhaupt nicht zu ihr. Dafür ist sie viel zu schüchtern. Nein, ich bin bestimmt nicht prüde. Aber ihre seltsamen, irren Geschichten... Kein richtiger Schweinkram. Aber trotzdem, ganz schön... Ich war mir wirklich nicht sicher, ob sie das tatsächlich ernst meint. Keine Ahnung.«

Dr. Rosenman, der gerade hereingekommen war und die letzten Sätze gehört hatte, bemerkte verschmitzt: »Nicht, daß ich sagen könnte, daß sich meine Patienten beschwert hätten. Im Gegenteil, ich habe noch nie so viele glückliche Gesichter in meiner Praxis gesehen...«

Aus Teresas Tagebuch:

20. Juni 1995

Durch mein Erlebnis im Museum sehe ich viele Dinge jetzt auf eine völlig neue Art. Joey ist lieb, aber es gibt noch soviel mehr auf dieser Welt, so viele Menschen, die ich gern kennenlernen würde und von denen ich weiß, daß ich mich nicht mehr auf sie einlassen kann, nicht mehr wirklich einlassen, wenn ich erst einmal seine Frau bin. Das macht mir angst.

Jeder Mensch, der sich auf den Behandlungsstuhl in Dr. Rosenmans Praxis legt, ist eine neue Entdeckung für mich. Durch die Kunstgegenstände, die ich im Museum sehe, bekomme ich ein Gespür für die Schönheit des menschlichen Körpers. Ein Mund ist für mich nicht mehr nur die äußere Hülle der Zähne, die wir behandeln müssen. Jeder Mund ist anders. Fasziniert fahre ich mit den Fingern die Konturen der Zungen, der Gaumen und der Mundwinkel nach, streichle sanft über die Lippen, um ihre Besonderheiten zu erforschen. Manche sind spröde, trokken, manche ganz schmal, andere aufgeworfen, irgendwie sinnlich. Ich komme mir vor wie ein Steinmetz, der seine Modelle zu begreifen versucht, bevor er beginnt, sie für die Ewigkeit in seinem Material nachzuformen. Mit einemmal entdecke ich, wie einzigartig jeder Patient ist, ich fühle so etwas wie Zärtlichkeit für jeden von ihnen.

Wie reagierte Joey auf Teresas erwachte Sinnlichkeit? Als ich ihn das nächste Mal aufsuchte, war er gerade mit einer Razzia im Prostituiertenmilieu beschäftigt. Die Polizei hatte etwa fünfzehn illegal arbeitende Damen sowie einen Transvestiten, der sich in ihrer Gesellschaft augenscheinlich recht wohl fühlte, auf ihr Revier geschleppt. Nun sollten sie im Keller in einer Zelle auf ihre Vernehmung warten. Joey war leicht genervt von diesem munteren Haufen, versuchte aber, nach außen hin seinen professionell coolen Eindruck aufrechtzuerhalten.

»Teresa war am Anfang unserer Beziehung noch unerfahren. Sie verstehen schon. Aber ich bin ganz behutsam mit ihr umgegangen. Ich meine, es gab nichts auszusetzen an unserem Sexleben. Bestimmt würde sie das gleiche sagen. Ja, ganz bestimmt.«

Aus Teresas Tagebuch:

24. Juni 1995

Noch immer schlafen Joey und ich ziemlich regelmäßig miteinander. Er nimmt mich, wo es ihn überkommt, ob im Bett, auf dem Küchentisch oder im Wohnzimmer. Ihm ist es egal, wie ungemütlich die Positionen für mich sind, solange er sich nur abreagieren kann. Ich lasse es über mich ergehen und denke an andere Dinge.

Heute lief währenddessen ein Footballspiel im Fernsehen. Mein Kopf hing halb vom Sofa herunter, auf dem wir lagen, aber so bekam ich wenigstens auch etwas von dem Spiel mit, während er auf mir rumturnte. Das ist wahrscheinlich seine Vorstellung vom absoluten Genuß: Sex und gleichzeitig ein Footballspiel im Fernsehen. Ich meine, ich mag seinen festen Körper, seine breiten Schultern. Als ich das erste Mal die kleinen Grübchen in seinem knackigen Arsch gesehen habe, bin ich fast ausgeflippt. Aber es muß im Leben doch mehr geben als seelenlosen Sex. Insgeheim denke ich an den Typen auf dem Bild und stelle mir vor, wie zärtlich und leidenschaftlich er mich nehmen würde. Wenn ich die Augen schließe und an ihn denke, während Joey sich in mir abreagiert, wird es etwas erträglicher. Manchmal komme ich dann sogar zum Orgasmus. Aber ist es wirklich richtig, an jemand anderen zu denken, während Joey mit mir schläft? Ich komme mir dabei so verlogen vor. Wenn er es wüßte, würde er unter Garantie ausrasten.

Kim bestätigte mir später Joeys Version der Geschichte. Teresa scheint zu diesem Zeitpunkt ihren Freundinnen schon nicht mehr vertraut zu haben, jedenfalls waren sie weitgehend ahnungslos, was jene Gedanken aus dem Tagebuch betraf.

»Joey und Teresa waren das perfekte Traumpaar. Die ganze Nachbarschaft schwärmte von den beiden. Um so größer unser Schock, als sie sich immer mehr zurückzog. Teresa war jetzt in einer anderen Welt. Was weiß ich.«

Aus Teresas Tagebuch:

28. Juni 1995

Immer öfter zieht es mich zu de Hooghs Gemälde. Ungeduldig sitze ich davor und hoffe, erneut in diese andere Welt hineinzugelangen. Bei jedem Lachen rechne ich damit, daß der Zauber mich gefangennehmen wird. Doch meist sind es nur andere Besucher, die mich mit ihrem Gelächter aus meinen Träumen reißen.

Gestern nachmittag fing die junge Frau auf dem Bild wieder an zu schwanken und fiel abrupt von ihrem Stuhl. Das Weinglas, das sie bis dahin in der Hand gehalten hatte, zerbrach, und der Mann hinter ihr blickte mich an, als habe er auf mich gewartet. Mit einer Kopfbewegung lud er mich ein, zu ihm zu kommen. Er lächelte.

Vor Aufregung war ich einen Moment wie starr, dann stand ich auf und ging auf das Bild zu. Wieder spielte sich die Szene, die ich schon am Tag zuvor erlebt hatte, vor meinen Augen ab, nur war sie diesmal viel wirklicher. Ich sah nicht mehr die Leinwand, sondern nur noch den Raum, in dem vier Menschen des 17. Jahrhunderts zusammen den Nachmittag verbrachten. Ich war selbst zurückversetzt in diese Zeit und sah, wie die Haushälterin aus dem Zimmer floh, wie der junge Mann der

Frau aufhalf und sie schließlich auf seinen Schoß setzte. Sanft nahm er ihre Hand und liebkoste sie. Die Frau hatte sich an dem zerbrochenen Glas den Zeigefinger geschnitten. Zärtlich nahm der Mann den Finger und leckte das Blut ab. Sie lächelte. Es war ein erotisches Spiel zwischen den beiden, das mir beinahe das Herz zerriß. Er behielt ihren Finger im Mund und saugte vorsichtig an ihm. Wahrscheinlich streichelte er ihn sogar mit seiner Zunge. Er spielte mit meinen Gefühlen, ohne mich weiter zu beachten.

Schließlich, nachdem er ihren Finger aus seinen Lippen entlassen hatte, verschmolzen ihre Münder zu einem langen, intensiven Kuß. Ich hätte heulen können, schreien, sie sollten damit aufhören. Am liebsten hätte ich sie aus seinen Armen gerissen. Doch er stand auf, hob sie hoch und trug sie in Richtung Tür. Der Mann mit der Tonpfeife lächelte, und schmunzelnd erwiderte der Mann im Mantel seinen Blick. Dann ging er hinaus.

Von mir nahm er auch weiterhin keine Notiz. Ich befand mich im Zimmer, und doch war es, als trüge ich eine Tarnkappe, die mich für sie unsichtbar machte. Weder der Mann mit der Tonpfeife noch die Haushälterin, die zurückkam, um die umgefallenen Gegenstände und die Glasscherben wegzufegen,

nahmen mich wahr. Ich war Luft für sie. Und doch, der junge Mann hatte mir zugenickt, als ich noch vor dem Gemälde saß. Er hatte mich gesehen.
Vom Rauch der Pfeife, die mir der Mann am Tisch entgegenblies, mußte ich husten. Ich war in diesem Zimmer, ich bildete es mir nicht nur ein!
Nun stand auch der Pfeifenraucher auf und verließ den Raum. Er gab der Haushälterin einen Klaps auf den Hintern, was diese wütend zur Kenntnis nahm. Ich folgte ihm durch die grobgezimmerte Holztür in den Nebenraum, mußte der Haushälterin ausweichen, die schwungvoll mit einem Reisigbesen über den Boden fegte.
Ich ging ins Bad, in dem eine alte Zinkwanne stand. Der junge Mann, der am Tisch seine Pfeife geraucht hatte, begann gerade, sich auszuziehen. Verträumt legte er seine Lederweste ab und knöpfte sein Hemd auf. Abwesend löste er die Riemen seiner Stiefel. Seine Waden waren behaart und fest. Als er sein Hemd abstreifte, entblößte er seinen muskulösen, gebräunten Oberkörper, seinen ausgebildeten Trizeps. Ich hatte Lust, ihn anzufassen und seine Haut zu streicheln, wollte meine Handflächen auf seine Muskeln legen und sie sich bewegen spüren. Aber ich traute

mich nicht, hatte Angst, ich könnte aus diesem Traum erwachen, wenn ich versuchte, weiter die Grenzen zwischen ihnen und mir aufzulösen.
Er warf mir sein Hemd direkt in die Arme.
An der Wand hing ein altes Bild, das ich vorher nicht beachtet hatte. Er hob es hoch. Dahinter befand sich ein Loch in der Wand. Er bückte sich, um hindurchzusehen. Fasziniert betrachtete ich seinen glatten Rücken, auf dem sich das Sonnenlicht spiegelte. Jetzt gab ich meine Vorbehalte auf. Wenn er mir sein Hemd gegeben hatte und ich den feinen Stoff zwischen meinen Fingern spüren konnte, war es auch möglich, ihn vorsichtig anzufassen. Ich konnte es nicht lassen, mit meiner Hand die Konturen dieser wunderschönen Schulterblätter und der Lenden bis zum Kreuz nachzufahren. Er schien es nicht zu bemerken. Langsam, während er sich noch vor das Loch in der Wand bückte, streifte er seine Hose vom Po, der sich mir jetzt in seiner ganzen Schönheit entgegenstreckte. Er trug keine Unterwäsche. Als er in die Wanne stieg, zogen sich die Muskeln seines kleinen, runden Hinterns zusammen, und die Spalte zwischen den Gesäßhälften wurde tiefer und verführerischer, als ich es je bei Joey erlebt hatte. Es war ein wunder-

barer Traum, und ich wünschte mir, nie wieder zu erwachen.

Er übergoß seinen Kopf mit Wasser aus einem kleinen Zinkkrug, seine Haare klebten an seiner Stirn. Ich hätte ihm stundenlang zuschauen können, aber ich wollte auch wissen, was sich hinter dem Loch in der Wand abspielte. Auf der anderen Seite der Mauer befand sich das Schlafzimmer. Der junge Mann und die Frau saßen auf dem Bett. Fest hatte er seinen Kopf in ihren Busen gepreßt. Sein Oberkörper war nackt, sie hingegen trug noch ein weißes Schnürleibchen, das aber schon offen war und halb hinter ihr hing. Sie hatte ihr langes blondes Haar gelöst, das wallend an ihrem Körper herunterfiel. Warum nur konnte mein Haar nicht so wallen? Sie hatte ihre Beine um seine Taille gelegt, und ich sah, wie sein Kopf zum Bauchnabel hinabfuhr. Mit seinen muskulösen Armen griff er unter ihre Beine und spreizte sie dadurch noch weiter, machte sie offen für sich. Spielten sie nur miteinander, oder bewegte er sich tatsächlich in ihr? Ich wollte es nicht glauben, aber vielleicht war das naiv . . .

Ein Geräusch ließ mich herumfahren. Die Haushälterin war gekommen und brachte dem Badenden frisches, heißes Wasser. Zärt-

lich wusch sie ihm den Kopf und den Rükken. Das Wasser, das sie aus einem großen Krug über ihn goß, lief langsam über seinen glänzenden Körper. Ich hockte mich neben die beiden und sah ihnen fasziniert zu. Scheinbar genoß er ihre Liebkosungen, auch wenn er sich mit seinen Gedanken woanders befand. Sein Gesicht war ernst, er blickte gedankenverloren ins Nichts und schloß immer wieder die Augen. Wie gern hätte ich ihren Platz eingenommen, um sein Haar, seine Haut in meinen Händen zu spüren.
›Wir schließen in fünf Minuten, bitte benutzen Sie den nächstgelegenen Ausgang‹, dröhnte es plötzlich. Ich befand mich noch immer im Museum, ein Beamter kam auf mich zu und winkte mich zu sich, dem Ausgang entgegen. Ein letztes Mal sah ich glücklich auf das Bild, dann ging ich.
Ich beginne mich zu verändern. Dieses Bild aus den Niederlanden beginnt auf mein Leben zu wirken. Wieviel schöner und gleichzeitig schlichter waren die Menschen damals gekleidet.
Heute besorgte ich mir bei einem Trödler Holzpantinen und fand schließlich sogar eine Delfter Tracht, in der ich mich sehr wohl fühle. Es ist ein trägerloses, spitzenverziertes rotes Kleid, das den Rücken nackt läßt und

meine Brüste nach oben in den Ausschnitt preßt. Hoffentlich gefalle ich ihm darin. Ich werde es morgen zur Arbeit unter dem Kittel anziehen. Ich will ihm ähnlich sein, mich für ihn schön machen, so wie er es mag. Wie fremd muß meine normale Kleidung für ihn gewesen sein.

In Dr. Rosenmans Praxis stieß die Tracht, die natürlich trotz des Kittels nicht unbemerkt blieb, auf einige Verwunderung.

»Für uns war die Sache jetzt klar. Wir hatten eine Scheißangst und machten uns große Sorgen. Und Sie wissen ja, ihr Hochzeitstermin. Nur noch eine Woche.« Kim bekreuzigte sich.

»Sie erklärte mir, ihre Kopfbedeckung würde Haare und Bakterien von den Patienten fernhalten«, erzählte Dr. Rosenman. Er zuckte resigniert die Schultern.

»Sie wurde uns richtig unheimlich«, sagte Kim. »Sie zog nur noch Dinger ab, als wäre sie vom Teufel besessen. Und auch die Patienten hatten die Hosen voll. Das kann ich Ihnen sagen.«

»Lassen Sie mich erzählen, wie es weiterging. Nun, wir Mädels wollten noch mal unter uns sein, 'n bißchen feiern, so vor der Hochzeit. Wir waren in einer Kneipe verabredet, so gegen acht. Wir zählten die Stunden –«

»– nicht die Bierchen«, sagte Kim.
»Teresa? Totale Fehlanzeige. Und wir machten uns echt höllische Sorgen.«

Aus Teresas Tagebuch:

2. Juli 1995

Gestern abend schloß ich mich in der Damentoilette des Museums ein, bis die Sicherheitsbeamten ihre Runden abgelaufen waren. Die Tracht hatte ich natürlich an, und um den Hals trug ich ein schwarzes Samtband, an dem eine Kette mit einem kleinen ziselierten Herzen hing.
Mit einer Taschenlampe suchte ich mir den Weg zu meinem Bild. Der Lichtstrahl blendete den jungen Mann im schwarzen Rock. Irritiert hielt er sich eine Hand vor die Augen. Die Frau lachte, das Glas fiel zu Boden, mir direkt vor die Füße. Ich hob es auf, nicht vorsichtig genug, um mich nicht zu schneiden. Überrascht leuchtete ich mit der Taschenlampe auf die Wunde. Der Schnitt war nicht tief. Ich leckte das Blut ab. In diesem Augenblick wurde ich mir bewußt, der Frau im Bild war genau dasselbe passiert. Ich schaute auf und sah, wie der Mann mich anlächelte und mit derselben Kopfbewegung wie beim letzten Mal einlud, zu ihm zu kommen.
Wieder nahm er die Trinkerin auf seinen

Schoß und führte deren Finger in den Mund. Leidenschaftlich küßte er sie. Ich kannte das alles schon, und es traf mich nicht mehr so hart wie beim ersten Mal. Die beiden waren eben ein Paar, und ich mußte mich damit abfinden. Lieber ging ich ins Schlafzimmer und streckte mich auf dem weichen Bett aus. Ich war glücklich hierzusein.
Er schien mich noch immer nicht zu sehen. Als er ins Zimmer kam, trug er die Frau direkt zu mir, so daß mir nichts anderes übrig blieb, als mit einer Rückwärtsrolle vom Bett zu flüchten und den beiden bei ihrem Liebesspiel zuzusehen. Er warf sie auf die Kissen, und sie küßten sich wild und leidenschaftlich. Wie gern wäre ich an ihrer Stelle gewesen. Lachend rollte sie sich auf ihn und setzte sich rittlings auf sein Geschlecht. Er löste die Schleife ihrer Haube, und sie schüttelte ihre langen Haare, die stürmisch um ihren Kopf wehten. Sie ließ sie nach vorn in sein Gesicht fallen, warf mit einer schnellen, runden Bewegung den Kopf in den Nacken, strich sie mit einer Hand auf den Rücken und riß sich mit der anderen erregt ihre Weste vom Körper, während er sich an ihrem Schnürleibchen zu schaffen machte. Ihre Brüste waren klein und spitz. Durch das Loch in der Wand hatte ich sie nicht richtig sehen können, aber

jetzt, wo ich direkt hinter ihnen hockte, blieb mir nichts übrig, als sie mir anzuschauen. Kleiner als meine waren sie, mit winzigen, hellrosa Höfen, die kaum von der Haut abstachen. Auf der rechten Brust, in der Nähe des Tals zur linken, befand sich ein kleiner, dunkler Leberfleck. Der junge Mann streckte gierig seine Hände nach den spitzen Hügeln aus und begann, sie zu kneten und zu liebkosen.

Ich konnte kaum fassen, was ich da sah. Während die beiden sich wild umschlungen in die Kissen wühlten, stand ich auf. Ich wollte weg, hatte keine Lust danebenzustehen, wenn die beiden es miteinander trieben. Er bedeckte ihren ganzen Oberkörper mit leidenschaftlichen Küssen und setzte sich schließlich vor ihren Schoß und zog ihre Strümpfe von den weißen Oberschenkeln.

Ein Geräusch ließ mich in die Richtung schauen, in der ich das Loch in der Wand vermutete. Dort hing eine Kopie von Rembrandts »Der Mann mit dem Goldhelm«. In dessen rechtes Auge war ein Loch geschnitten, das Auge bewegte sich. Also war der Pfeiferaucher gerade dabei, sich im Nebenzimmer seine Hose runterzuziehen. Das Paar auf dem Bett begann sich wild zu lieben. Ich konnte mich nicht bewegen. Die Frau stöhnte leise. Auch ich bekam kaum Luft. Warum sie und nicht ich? Das Atmen fiel mir schwer. Mir wurde schwindelig. Dann fiel ich in Ohnmacht.

»Also, mitten in der Nacht hat das Sicherheitspersonal sie aufgelesen«, erinnerte sich Kim. »Die dachten, sie hätten das Mitglied einer internationalen Kunsträuberbande hochgehen lassen. Die haben sie ganz schön in die Mangel genommen. Aber sie hat nur wirres Zeug geredet.«

Mitten in der Nacht. Dieser Gedanke ließ mir keine Ruhe. Warum fanden die Wächter Teresa nicht früher, mußten sie doch zumindest stündlich die Gänge abgehen?

Auch Joey konnte mir auf diese Frage keine Antwort geben, obwohl Teresa ihn nach ihrer Verhaftung angerufen und er eine Weile mit den Sicherheitsbeamten verhandelt hatte.

»Sie hatte einen Anruf frei. Und irgendwie hatte sie mich hier erwischt. Die Jungs ... na ja, das sollte meine letzte Junggesellenparty werden. Nichts weiter. Viel Alkohol, viel Lärm. Sie hatten eine Stripperin engagiert, eine knackige Blondine, die unter ihrer Polizeiuniform nichts weiter als zwei Troddel anhatte, die an ihren vollen, ständig wackelnden Brüsten rumwippten. Das Normale halt ... Um die Schultern

baumelte ein Halfter für ihre Wasserspritzpistole, und an ihrer Scham trug sie ein wenig Glitzerschmuck. Sah schon irgendwie stark aus. Außerdem hatte sie einen süßen Arsch, sicher.
Natürlich rannte ich trotzdem gleich rüber ins Museum, um die Sache aufzuklären. Ich sagte, was wollt ihr, das ist doch meine Verlobte, wir werden heiraten, und das schon morgen. Das hat sie wohl ein bißchen durcheinandergebracht. Ich war sicher, unsere Heirat hätte alles wieder eingerenkt.«

Aber zu dieser Hochzeit kam es nicht. Es war die klassische Szene. Die Hochzeitsgäste standen ungeduldig vor der St.-Margarets-Kirche und warteten. Es wurde später und später. Wer nicht kam, war Teresa.
Alle waren pikiert, besonders natürlich Joey, aber auch die Brauteltern, denen der Priester verständnisvoll die Hand tätschelte.
»Keine Nachricht, kein Gruß, gar nichts«, beschwerte Teresas Mutter sich bei mir.
Und Teresas Vater wiederholte fassungslos, daß das nicht mehr seine kleine Teresa war.
»Die Praxis hat ihr ein Service gekauft«, erzählte Dr. Rosenman. »Feinste Delfter Fayencen. Das war ihr allergrößter Wunsch.«
Dorothy sah mich verständnisheischend an:

»Wenn sie sich uns nur anvertraut hätte. Ich meine, ihren besten Freundinnen.«
»Mir persönlich tut nur Joey leid. Man sollte sich endlich um ihn kümmern.«
Das war eine Bemerkung, für die Kim sich einen schrägen Blick von Dorothy fing. Doch sie zuckte nur die Achseln.
»Was? Was habe ich denn gesagt?«
Ich ging rüber zu Joey, um mich von ihm zu verabschieden. Mir war klar geworden, dieser Fall würde niemals eine Story werden. Niemand würde sie glauben.
Joey fühlte sich seiner Sache sehr sicher: »Natürlich haben wir sofort eine Großfahndung nach ihr eingeleitet«, erzählte er mir. »Wir finden sie, verlassen Sie sich drauf.«
Ich war froh, daß er mich nicht nach ihrem Tagebuch gefragt hatte. Es ist besser für ihn, wenn er es nicht erfährt.

Aus Teresas Tagebuch:

3. Juli 1995

Gefalle ich ihm? Obwohl er vor meinen Augen mit dieser anderen Frau geschlafen hat, glaube ich sicher, mit mir würde er glücklicher werden. Ich brauche nur ein wenig Zeit, damit er mich kennenlernen kann. Er hat mir doch gezeigt, wie sehr ihre Alkoholexzesse ihn anöden.

Heute habe ich mir einen weißen, beinahe durchsichtigen und spitzenbesetzten Bustier mit abgesetzten Körbchen gekauft, einen Slip aus derselben gewagten Kollektion und dünne, weiße Seidenstrümpfe. Ich habe so etwas noch nie getragen, aber es gefällt mir, ich finde mich schön darin. Wenn ich nur an ihn denke, werde ich fast wahnsinnig vor Lust. Ich werde mich in sein weiches Himmelbett legen und dort auf ihn warten. Und er wird bei mir seine Trinkerin für immer vergessen …

Feucht

»Wie lange arbeite ich schon in diesem Laden, Bruce? Willst du es wissen?« fragte Miss Connors, eine der Mitarbeiterinnen von Tubkins-Sanitär, ihren Chef, als sie bei Geschäftsschluß dem Ausgang zustrebte. Sie war über den geringen Kundenstrom besorgt wie alle Mitarbeiter. Bruce Lomann versuchte, sie zu beruhigen.

»Laß dir darüber keine grauen Haare wachsen«, sagte er, bemüht, zuversichtlich zu klingen.

»Da fragt man sich doch: Waschen sich die Leute nicht mehr?«

Der Sanitärladen, in dem Bruce als Geschäftsführer arbeitete, gehörte zur gehobenen Kategorie von Läden in Upper L.A. Die Armaturen, die hier verkauft wurden, waren von stilbewußten, teilweise preisgekrönten Designern entworfen worden, und hätten sie nicht ihren Platz am Rand eines bunten Waschbeckens oder

einer Luxusbadewanne gehabt, so hätte sich zwangsläufig bei einigen von ihnen die Frage aufgedrängt, welche Funktion sich hinter ihrem individuellen Aussehen verberge.
Die Kunden, die diesen Laden aufsuchten, gehörten zumindest der gehobenen Mittelschicht, wenn nicht der High Society der Stadt an. Emsige Berater versuchten – meist ohne großen Erfolg – die Vorzüge der einzelnen Objekte anzupreisen, ohne von ihrem Tun allerdings sonderlich überzeugt zu sein. Sie wußten, kaum jemand war bereit, einen solchen Betrag für eine Wanne auszugeben, wie er hier veranschlagt werden mußte. Mit einem Wort: Der Laden ging schlecht.
Dabei war die Idee, Sanitärbedarf im neuen Design zu verkaufen, geradewegs genial. Schwarzer Marmor, legiertes Kupfer oder Gold und andere ungewöhnliche Materialien machten aus simplen Gebrauchsgegenständen, an denen sich niemand länger als unbedingt nötig aufhielt, wahre Kunstobjekte. Auch die Formen unterschieden sich wesentlich von dem, was man von einem Waschbecken oder einem Wasserhahn erwarten konnte, bewegten sich zwischen griechischem Altertum und Futurismus, Bauhaus und Jugendstil, Funktionalismus und Postmoderne. Alles konnte man hier bekommen, solange die Kreditkarte nicht gesperrt war.

An der nahen Straßenkreuzung wartete eine farbige junge Frau ungeduldig, daß die letzten Verkäufer den Laden verließen. Sie trug ein Kostüm aus einer weiten, bordeauxroten Jacke, unter der ein enganliegender schwarzer Pullover sichtbar wurde. Der bis zu den Knöcheln reichende schwarze Rock öffnete sich beim Gehen an der Vorderseite bis über die Knie.

Sie wußte, was sie vom Leben wollte, und hatte mit den Jahren gelernt, es auch zu bekommen, ohne den Einsatz je allzu hoch zu treiben. Es störte sie nicht, daß ihr die Männer auf der Straße nachsahen, und nichts konnte sie davon abhalten, sich je nach ihrer jeweiligen Laune zu kleiden.

Einen Moment blickte sie nervös auf die Uhr, dann öffnete sie entschlossen die Tür zum Laden.

»Wir haben geschlossen«, rief ihr eine der Verkaufsfrauen von weitem entgegen.

»Nur eine Minute, bitte. Es geht ganz schnell«, erwiderte die junge Frau.

»Heute nicht mehr.«

»Sie verstehen mich nicht. Ich war gerade noch hier. Und als ich draußen war ... Ich wollte nur zur Toilette. Es geht ganz schnell.«

»Dann gehen Sie. Toiletten sind hinten.«

Die Frau ging an Bruce vorbei zu der gekennzeichneten Tür. Als sie sie öffnete, kam ihr ein

Angestellter entgegen, der sich mit erhobener Hand von Bruce verabschiedete. Sie erschrak.

»Ich habe keine Lust auf Football.« Bruce hing am Telefon, seine Füße auf dem Schreibtisch liegend, sein Jackett über die Stuhllehne geworfen. »Ich habe keine Lust auf Football. Versteh das doch bitte endlich. Hör zu, bei meiner Situation helfen auch keine brutalen Spiele. Das Personal hat seit zwei Wochen nichts verkauft. Ich habe seit zwei Wochen nichts verkauft. Scheiß auf Football!«

Er beobachtete, wie sich der Laden zunehmend leerte, grüßte beiläufig die sich verabschiedenden Mitarbeiter und kramte, während er sich weiter unterhielt, in seiner Hosentasche nach dem Schlüssel für die Eingangstür. Er war deprimiert, doch diesen Zustand kannte er bereits. Der Laden war kaum zu halten, und wenn er nicht in den nächsten Tagen einen größeren Abschluß tätigte, bliebe nichts anderes als der Konkurs.

Überrascht sah er die junge Frau, die gerade aus der Toilette kam und sich interessiert über eine der großen Badewannen beugte. Sie hatte ihre Einkaufstasche abgestellt und schien interessiert Form und Material der Wanne zu untersuchen. Sie mußte seinen Blick bemerkt haben, denn sie sah sich jäh um, noch immer mit den

Händen auf den Wannenrand gestützt, und lächelte ihm freundlich zu.

»Bill, hör mal. Ruf mich in zehn Minuten noch mal an, ja?« Er legte leicht verärgert den Hörer auf die Gabel. Den ganzen Tag hatte er mit Kunden zu tun, die sich von ihm die Waren zeigen ließen, nur um am Ende zu erklären, sie würden es sich noch einmal überlegen und zu einem späteren Zeitpunkt wiederkommen. Er warf einen kurzen Blick auf seine Armbanduhr, sah sehnsüchtig zu der bereits geschlossenen Eingangstür und wandte sich der Frau zu.

»Kann ich Ihnen behilflich sein?« Er reichte ihr seine Hand. »Ich bin Bruce Lomann, der Geschäftsführer.«

»Davida Urked.«

»Eine Wanne soll es sein? Suchen Sie etwas Bestimmtes?«

»Ich habe die Maße.« Sie kramte einen Moment in ihrer Manteltasche und zog einen großen Zettel heraus. Bruce war erstaunt über das angegebene Format und sah sie zweifelnd an. Er hatte die Frau für weniger kaufkräftig gehalten.

»Wieviel kostet zum Beispiel die da?«

»Das kommt auf die Armaturen an. Verchromt oder in Messing, rechnen Sie mit etwa ... 3 000 Dollar.«

»Darf ich rein?«

»Ja, natürlich. Aber die Größe wird nicht passen.« Sie setzte sich auf den Wannenrand und zog ihre Beine an, um in die Wanne zu steigen, als Bruce bemerkte, daß sie noch ihre hochhakkigen Schuhe trug.

»Vorsicht«, mahnte er und hielt mit seiner Hand ihre nackten Schenkel zurück. Sie sah ihn überrascht an, sagte aber nichts. Bruce überlegte, ob er nicht vielleicht unhöflich gewesen war; immerhin wirkte sie nicht wie eine gedankenlose Kundin. Darum fügte er rasch hinzu: »Rutschen Sie nicht aus!«

Sie sah ihn lächelnd an, so daß er etwas selbstsicherer ergänzte: »Wir wollen doch die schöne Emaille nicht zerkratzen.«

Sie stieg wieder heraus und stellte sich zweifelnd neben die Wanne. Dies konnte eine längere Angelegenheit werden.

»Hören Sie, die Auswahl ist groß«, sagte er. »Kommen Sie morgen früh wieder, und wir besprechen das alles im einzelnen.«

»Nein. So einfach ist das nicht. Ich brauche die Wanne morgen schon.«

»Ein spezieller Anlaß? Eine Party?«

»Ein Versprechen.«

»Sie sind frisch verheiratet?«

»Meine Mitbewohnerin sagt, ich muß das Bad neu einrichten, sonst fliege ich raus. Morgen ist Deadline.«

Es klopfte an der Eingangstür.
»Entschuldigen Sie mich«, unterbrach er sie. Er ging hin und wies ein älteres Ehepaar ab, eines jener Paare, die sich aus Neugier gerne in seinem Laden herumtrieben, als handle es sich um eine Abteilung des *Museum of Modern Art,* ohne jedoch über die Finanzen zu verfügen, sich eines der Stücke leisten zu können.
»Tut mir leid, wir haben geschlossen.«
»Hä?« Der Mann hielt seine Hand an das Ohr.
»Geschlossen!« wiederholte Bruce ein wenig lauter und drehte die bereits heruntergelassenen Jalousien zu, so daß den beiden der Blick ins Innere des Ladens versperrt wurde.
Als er sich wieder Davida zuwenden wollte, war diese verschwunden. Irritiert sah er sich im Laden um. Er versuchte, betont lässig zu bleiben, und ließ seine Hand in der Hosentasche verschwinden. Wo war diese junge Frau abgeblieben? Er suchte mit seinen Augen die verschiedenen Wannen ab, es gab eigentlich keinen Platz, um sich zu verstecken. Wozu auch? Bruce wurde die Sache zunehmend suspekt.
Schließlich sah er sie aus einer schwarz emaillierten Wanne auftauchen.
»Die ist sehr hart«, erklärte sie mit einer Selbstverständlichkeit, die ihn verblüffte.
»Da haben Sie sich aber schon die beste ausge-

sucht. Mit den Düsen können Sie sich überall massieren lassen.«

»Überall?«

Er ging nicht auf ihre Neckerei ein. »Da sind jeweils zwei für Nacken, Oberschenkel, Füße... Wie Sie wollen. Manche mögen es besonders gerne auf dem Rücken. Die Düsen sind richtig stark. Bis zu sieben Bar.«

Beim Probeliegen war ihr Rock hochgerutscht, so daß ihre glatten, braunen Oberschenkel bis zum Ansatz ihres schwarzen Slips offenlagen.

»Zahlen Sie cash oder mit Karte?«

Sie folgte seinem Blick, der auf ihre Beine gerichtet war. Für einen Augenblick war sie empört, dann zog sie schmunzelnd den Rock zurück. Bruce lächelte.

»Sie kommen schnell zur Sache«, sagte sie.

»Nein, nein. Ich nicht. Sie haben es doch so eilig gehabt.«

Sie wurde ernst. »Hey! Das ist eine Menge Geld. Können wir das in Ruhe angehen?« Er reichte seine Hand, um ihr aus der Wanne herauszuhelfen.

»Da drüben steht noch ein ähnliches Modell. Da können Sie das Wasser laufen lassen. Die hier sind alle nicht angeschlossen, da kann man nichts ausprobieren. Aber mit diesen dreien geht es. Das Modell nennt sich Wildbach.«

Er drehte den Hahn auf, und das Wasser floß über eine breite Metallstufe in die große rosa Wanne. Davida war fasziniert.
»Es fließt ganz breit heraus, wie bei einem Wasserfall«, erklärte er.
Sie hielt ihren Finger in das herunterstürzende Wasser.
»Das habe ich als Kind immer so gern gemacht.«
In diesem Augenblick klingelte das Telefon. Er entschuldigte sich und ging an den Apparat.
»Bruce Lomann?«
Es war sein Freund Bill, der am anderen Ende der Leitung die zehn Minuten gewartet hatte, um nun mit Bruce den weiteren Verlauf des Abends durchzusprechen.
»Nein, Bill«, sagte Bruce. »Es dauert noch ein bißchen. Ich habe hier noch eine Kundin. Die kauft was, todsicher ...«
Davida hatte sich inzwischen die Schuhe ausgezogen und war in die Wanne gestiegen, wo sie mit hochgezogenem Rock ein wenig herumwatete. Geschäftig kam Bruce zu ihr zurück, in der einen Hand ein Klemmbrett mit den wichtigsten Unterlagen über die Wannen, in der anderen einen Hochglanzprospekt.
»Eine ausgezeichnete Wahl. Die habe ich zu Hause auch. Älteres Modell natürlich. Aber es ist dieselbe Marke: Coaler. Die machen die besten.«

Davida stieg wieder heraus. Bruce reichte ihr ein großes türkisfarbenes Badehandtuch.
»Nehmen Sie das.«
Sie setzte sich auf den Wannenrand und hob einen Fuß aus dem Wasser, um ihn abzutrocknen. Ihr Rock rutschte wie zufällig über das Knie und entblößte erneut die braunen Schenkel.
»Was würde die kosten?« fragte sie.
»Mal sehen.« Er konnte sich nur schwer vom Anblick ihrer Beine trennen. Schließlich schaute er auf seine Liste. »Der Whirlpool ›Bettgeflüster‹. Auf Lager hätte ich ihn in wolkenrosa, biskuit, zartgrau, eisgrau, donnergrau.«
»Kann ich die haben?« Sie zeigte auf die Wanne, aus der sie gerade gestiegen war.
»Das Ausstellungsstück?«
»Günstiger?«
»Na ja. Regulär wären es 7000 Dollar. Ich könnte Ihnen vielleicht dreißig Prozent nachlassen.« Irritiert beobachtete er, wie sie mit ihrem Finger an einer der Düsen spielte, sie sacht umkreiste und ihre Kuppe hineinfahren ließ. Wollte sie ihm ein zweideutiges Angebot machen, um billiger an die Wanne zu kommen?
»Was meinen Sie?« fragte er.
»Fünfzig Prozent.«
Er lächelte. »Vierzig. Morgen geliefert.« Sie sah ihn schmunzelnd an, aber er merkte an ihrem

Blick, daß sie an diesem Punkt nicht weiterverhandeln würde. Der Preis war also in Ordnung. Doch unversehens wurde sie ernst.
»Soll ich Ihnen sagen, was mir jetzt noch Sorgen macht?« fragte sie.
»Das Ozonloch? Die Rezession? Die gelbe Gefahr?«
»Wie fühlt man sich da drin?«
»Ganz toll!«
»Nein, das ist etwas ganz Individuelles. Man weiß erst, wie man sich in seiner Wanne fühlt, wenn man richtig drinliegt, drin herumplanscht. Ich möchte es ausprobieren.«
Er versuchte, höflich zu bleiben, obwohl sein Verdacht sich zu bestätigen schien.
»Das geht nicht, das ist nicht gestattet. Hygienevorschriften.«
»Was wollen Sie damit sagen? Denken Sie, ich hab was? 'nen Bazillus?«
Sie wurde beinahe wütend. Aber er ließ sich nicht aus der Ruhe bringen. Er war schwierige Kunden gewöhnt. Beschwichtigend redete er auf sie ein.
»Nein, nein. Aber nehmen Sie mal an, jemand hat in dieser Wanne vor Ihnen gebadet ...«
Sie verdrehte die Augen.
»Das Risiko übernehme ich«, sagte sie.
»Ich verliere meinen Job.«
»Ich trage die Verantwortung.«

»Es ist gegen die Vorschrift.«
»Gott! Nur 'ne Minute.«
»Es ist zu Ihrem eigenen Schutz.«
Sie hob die Hand und winkte verärgert ab.
»Okay, vergessen Sie's. Ich denke ja gar nicht daran, so mir nichts dir nichts irgend etwas zu kaufen, nur weil Sie es mir angepriesen haben. Ich will's schon genau wissen.«
Er sah überrascht zu, wie sie ihren Mantel nahm und dem Ausgang zustrebte.
»Ist das wirklich Ihr Ernst?«
»Was soll das heißen?«
»Sie steigen da rein, sie gefällt Ihnen ...«
»Dann will ich sie auch haben.«
Er überlegte kurz und nickte.
»Okay, aber nur 'ne Minute.«
Er sah, wie sie auf der Stelle kehrtmachte und zur Wanne schritt. Wie selbstverständlich drehte sie den Hahn auf und prüfte die Temperatur des herausströmenden Wassers mit dem Finger. Während sie sich ihre Jacke auszog, wandte sie sich ihm zu.
»Ob Sie wohl das Licht etwas runterdrehen? Die Atmosphäre ist dann mehr wie Badezimmer«, sagte sie.
Er begab sich zu seinem Schreibtisch und schaltete einige der Lichter des Ladens aus, bis nur noch zwei kleine Lampen in der Nähe ihrer Wanne brannten. Überrascht bemerkte er, wie

Davida aus ihrer Tasche ein paar Kerzen holte, sie auf dem Rand der Wanne abstellte und anzündete.
»Wollen Sie hier einziehen?«
»Haben Sie heute noch eine Verabredung?« fragte sie lakonisch zurück.
»Ich habe sie abgesagt.«
»Für mich?«
»Fürs Geschäft. Für 'ne eilige Kundin.«
»Sind Sie verheiratet?«
»Nein.«
Er sah, wie sie ein Fläschchen mit Schaumbad aus ihrer Tasche holte und dessen Inhalt in die Wanne goß. Im ganzen Laden begann es nach Zeder und Patchouli zu duften. »Haben Sie auch einen Badeanzug mit?«
»Ich habe ein Höschen an, Bruce.«
»Und ... einen BH?«
»Ja, schwarz. Wie ein Bikini.«
»Sie haben sich für dieses Bad schon heute früh vorbereitet.«
Er lachte bei diesem Gedanken.
»Nein, so kann man das nicht sagen.«
»Das haben Sie doch garantiert.«
»Na ja, ich dachte, möglich wär's.«
Für einen Moment wandte er sich ab. Die Sache war zu absurd. Natürlich hatte sie sich schon am Morgen beim Anziehen überlegt, was sie vorhatte.

»Sie sind sehr überzeugt von sich. Was machen Sie beruflich?« fragte er.
»Ich arbeite frei.«
»Frei? Als was?«
Sie stemmte ihre Hand in die Hüfte und sah ihn herausfordernd an, so als habe die Frage sie gekränkt.
»Ich schreibe für ›Style‹. Kennen Sie ›Style‹?«
»Sie stinkt«, sagte er nachdenklich.
»So schlecht ist sie nicht.«
»Nein, nein. Ich meine die Parfumwerbung mit diesen – Pröbchen. Die ganze Zeitschrift – parfümiert.« Er redete sich in Rage. Das erste Mal, seit sich die beiden begegnet waren, kam er wirklich aus sich heraus. Seine Gesten wurden ausladender, wilder, sein Gesicht verzerrte sich zu wilden Grimassen, die seinen Ekel widerspiegeln sollten. »Das Haus – parfümiert. Die Küche – parfümiert. Das Essen – parfümiert.«
Davida sah ihn einen Moment verdutzt an, dann lachte sie über den plötzlichen Wandel. Er bemerkte ihre Reaktion und mußte wider Willen selber schmunzeln. Doch bald wurde er wieder ernst. »Ich kaufe keine Zeitschrift, die nach Parfum stinkt«, schloß er.
Sie wechselte das Thema.
»Stellen Sie die Düsen an? Ich will ganz viel Schaum.«

Er kam zur Wanne und drückte den betreffenden Knopf. Ein letztes Mal sah er sie verwundert an, dann wendete er sich verlegen ab. Sie faßte lächelnd den Saum ihres Pullovers und zog ihn sich über den Kopf. Ihre üppigen Brüste steckten in einem einfachen schwarzen BH ohne Bügel und Spitzen. Bruce tat, als sei er mit den Armaturen eines Waschtisches beschäftigt. Davida öffnete den Verschluß ihres Kleides und ließ es hinter sich fallen. Sie trug, passend zum BH, einen schwarzen Rio-Slip, der ihren ausladenden Po nur zur Hälfte bedeckte.

Als sie ihre Hände auf dem Beckenrand abstützte, um ins Wasser zu steigen, richtete sie ihren Blick auf Bruce.

»Sie können ruhig gucken, Bruce. Ich will Ihre Meinung hören.«

Ihre Brüste schwebten über dem Wasser, prall und schwer, gehalten nur vom dünnen Stoff des BHs.

»Sie sind sehr attraktiv. Das wissen Sie genau«, sagte er resigniert.

»Das meine ich nicht. Wie sehe ich in dieser Wanne aus?«

Er drehte sich endgültig um. Mit einemmal wußte er nicht mehr, was er mit seinen Händen anfangen sollte. Verlegen biß er sich auf die Unterlippe. Ihre feucht schimmernde braune

Haut kontrastierte angenehm mit dem Zartrosa der Wanne. Er fand, sie sah umwerfend aus.
»Sie – steht Ihnen. Ich meine, die Farben ... die Form ...« Davida ließ ihre Beine langsam durch das warme Wasser gleiten. Mal lugte ein kleiner Zeh durch den Schaum, dann wieder ein rundes Knie.
»Diese Düse hier, wie stellt man die an?«
Verlegen kam er zu ihr an die Wanne und öffnete mit einem einfachen Griff der linken Hand das Ventil. Er bemühte sich, sie dabei nicht anzusehen.
Ein Leuchten fuhr über Davidas Gesicht, als ihr Körper durch den Druck der Düsen an die Wasseroberfläche gedrückt wurde, so daß Bruce für einen kurzen Moment ihren ganzen, ebenmäßigen Körper betrachten konnte, bevor er wieder zwischen den Schaumbergen verschwand.
»Da schwebt man ja.« Sie lachte. »Komisches Gefühl.«
Auch er mußte für einen Moment lachen, überwältigt von dem Erfolg, den er mit der Wanne erzielte. Verlegen fuhr er sich mit der Hand über den Mund. Für einen Moment wendete er sich ab, um sich einen angenehmeren Platz zu suchen. Er setzte sich auf den Rand einer anderen Wanne, verschränkte die Arme und versuchte, eine Konversation in Gang zu bringen.

»Und – was machen Sie bei ›Style‹?«
»Interviews.«
»Wie? Mit Prominenten und so was?«
»Manchmal. Meist mit so Aufsteigertypen. Mit Chefköchen, Designern, Sportwagenverkäufern.«
»Und Sie ... laden sie zum Essen ein und quetschen sie aus?«
»Nein. Ich suche nach ungewöhnlichen Treffpunkten. Zum Beispiel: Bruce Lomann, Geschäftsführer der erfolgreichen Blablabla, redet von seinen Träumen und Niederlagen mit einer Journalistin in der Badewanne. Wie alt sind Sie, Bruce?«
Er lachte verdutzt. »Zweiunddreißig.«
»Geboren?«
»In Omaha. Als Sohn eines Versicherungsmaklers.«
»Sie lieben Ihren Job?«
Nachdenklich hob er die Augenbrauen.
»Ich hasse ihn.«
»Wieso?«
»Weil kaum ein Installationsbetrieb die Rechnung bezahlt. Und die Hersteller völlig unmögliche Preise ansetzen. Die Rezession frißt einen auf und blablablabla ...«
»Und Ihr Traumjob wäre ...?«
Er lachte auf. Wann hatte ihn jemand zuletzt nach seinem Traumjob gefragt? Nein, das war

nicht lustig. Er dachte an die letzten Jahre, die er in diesem Laden verbracht hatte, an seine Träume, mit denen er gespielt hatte, als er noch zehn, zwölf Jahre jünger war. Damals hatte er nicht damit gerechnet, einmal Sanitärbedarf zu verkaufen. Und hätte es ihm jemand gesagt, was einmal aus ihm werden würde, hätte er … Na ja.

»Ich war bei der Air Force. Als Testpilot«, sagte er schließlich, die Hände in den Hosentaschen vergraben, den Blick gesenkt.

Davida nickte. Sie schien plötzlich ein wenig von dem zu begreifen, was Bruce zu dem Mann gemacht hatte, der er heute war. Aufmunternd lächelte sie ihm zu.

»Das hört sich spannend an.«

»Ich bin abgestürzt.«

»Oh Gott.« Sie beugte sich ehrlich betroffen vor. »Waren Sie verletzt?«

Er schmunzelte. »Ich bin davongekommen.«

»Und irgendwer anders?«

»Sechs Kühe.« Er lachte. »Entlassen wegen sechs toten Kühen.«

»Und weil Sie etwas riskiert haben.«

»Ja. Weil ich was riskiert habe.«

»Was soll's. Gespielt und verloren. Und hier passiert Ihnen nichts.«

Er wurde ernst. Für sein Gefühl ging sie zu lokker mit dieser Situation um. Seine Hoffnungen

waren im Sturzflug auf einer Wiese irgendwo in Omaha zerschellt. Er dachte an den Schrecken, als er merkte, die Maschine gehorchte ihm nicht mehr, dachte an seine Versuche, sie auf sicherem Gelände zu landen, dachte an die Kühe, die entsetzt zur Seite stoben, an den Aufprall, an das Blut überall, als er wieder zu sich kam.
»Sie haben Schaum im Gesicht«, bemerkte er trocken.
Es klapperte an der Hintertür. Erschrocken fuhr er herum und bedeutete ihr mit einer Handbewegung, sich still zu verhalten.
»Machen Sie die Kerzen aus.«
Während sie sich über die Kerzen beugte, lief er zum Flur, aus dem die Geräusche kamen. Ein letztes Mal sah er sich zu Davida um, dann öffnete er die Flurtür. William vom Reinigungsdienst kam gemächlich swingend, einen Staubsauger vor sich her schiebend auf ihn zu.
»Was wollen Sie?« fragte Bruce ungehalten.
»Dreimal dürfen Sie raten.«
»Kommen Sie später wieder.«
»Ich komme jeden Tag um diese Zeit.«
»Ich bin der Geschäftsführer.«
»Ja und? Das weiß ich. Ich seh' sie ja immerhin öfter hier.«
»Wir haben heute abend eine kleine Testveranstaltung. Kommen Sie doch wieder in, sagen wir – einer Stunde?«

Neugierig versuchte William, durch die halb offene Tür einen Blick ins Innere des Ladens zu werfen, so daß Bruce gezwungen war, die Tür möglichst unauffällig weiter zu schließen.
»Natürlich. Ich stelle nur meinen Staubsauger hier ab und gehe rüber in den Elektroladen. Ich komme wieder um – sieben?«
»Lassen Sie sich ruhig Zeit.«
»Na, hören Sie! Time is money. Das wissen Sie.«
Bruce verstand. Ärgerlich holte er ein Bündel Scheine aus seiner Hosentasche und reichte William einen von ihnen. William war noch nicht zufrieden.
»Ich habe Sie doch auf der Rennbahn gesehen. Viel gewonnen?«
Bruce reichte ihm widerwillig eine weitere Dollarnote. Dann ging er in den Laden zurück, eilig die Tür hinter sich zuziehend, während William noch vergeblich versuchte, einen Blick auf die ›Testveranstaltung‹ zu werfen.
»Alles in Ordnung?« Davida zündete bereits wieder ihre Kerzen an.
»Ja, ja. Jetzt sind Sie doch sicher überzeugt. Die Zeit ist um.«
»Wer war das?«
»Der Putzmann.«
»Haben Sie ihn weggeschickt?«
»Ja, ja. Er kommt später.«

Sie lachte ihn an. »Diese Wanne ist traumhaft. Ich will sie.«

»Gut!«

»Ich habe da nur noch eins.«

Er sah auf das Klemmbrett, das er in seiner Hand hielt.

»Der Preis?« fragte er.

»Es sollten da auf jeden Fall zwei Leute reinpassen.«

Verdutzt blickte er auf die Wanne, in der man ohne Schwierigkeiten ein Elefantenbaby hätte baden können.

»Das tun sie, keine Frage.«

»Zeigen Sie es mir.«

Er lachte verlegen. »Das ist nicht Ihr Ernst?«

»Doch, doch. Sie steigen dazu, wir planschen ein bißchen, dann gehe ich. Und Sie liefern die Wanne gleich morgen früh.«

Ungläubig starrte er sie an.

»Gehört das zu Ihrem Job? Ich meine, so was kann man doch nicht drucken«, sagte er.

»Mein Wort darauf. Ist noch Schaum im Gesicht?«

»Nein.«

»Wenn sich mein Daddy rasierte, stand ich immer daneben. Er hat mir ein bißchen Schaum aufs Gesicht getan und ihn dann mit der stumpfen Seite auch rasiert. Das Badezimmer war früher der schönste Spielplatz.«

Er konnte es nicht fassen.
»Ich habe keine Badehose«, sagte er.
»Sie sind schüchtern. Schön, mal einen schüchternen Mann kennenzulernen.«
Er dachte einen Moment nach. Die Situation erschien ihm absurd. Aber was konnte schon groß passieren. Er bedeutete mit einer Geste, daß er einverstanden sei.
»Rein – raus«, versuchte er das Fiasko in Grenzen zu halten.
»Typisch Mann«, erwiderte sie schmunzelnd.
Er schüttelte den Kopf. Auf was ließ er sich da ein? »Wahnsinn«, faßte er die Situation zusammen.
Während er in den Flur ging, um sich auszuziehen, streifte sich Davida entschlossen den schwarzen BH vom Körper und legte ihn auf den Wannenrand. Dann hob sie ihren Po ein wenig und zog ihren Slip aus.
In diesem Augenblick kam ihr ein Gedanke. Nachdenklich drehte sie sich zu den Rollos der Schaufenster um. Bruce hatte sie fest geschlossen. Kurz entschlossen kletterte sie aus der Wanne und schnappte sich das Handtuch. Der Kunststoffußboden pikte unter ihren feuchten Sohlen. Sie wischte den verräterischen Schaum auf, der von ihrem Körper heruntertriefte, und stellte sich auf das Handtuch, um so zur Tür zu schlurfen, ohne feuchte Spuren auf dem Fußbo-

den zu hinterlassen. Ihr fröstelte. Die Verkaufshalle war nicht sonderlich geheizt, es gab nicht viele Kunden wie sie. Wie lange würde Bruce brauchen, bis er wieder erschiene? Sie mußte sich beeilen.
Als sie vorsichtig die Lamellen des Türrollos aufdrehte, erschrak sie. Vor ihr stand William, der Putzmann, und starrte sie verblüfft an.
»Was machen Sie hier? Los, hauen Sie ab. Verschwinden Sie!«
William schüttelte nur den Kopf. Sie schloß die Lamellen und wartete einen Augenblick. Doch als sie sie wieder öffnete, stand er noch immer vor ihr. Er grinste. Sie versuchte es mit Bitten. Erneut schloß sie die Lamellen. Die Zeit wurde knapp. Jeden Moment konnte Bruce zurückkommen. Ein letztes Mal drehte sie das Rollo auf. Sie mußte den aufdringlichen Mann loswerden. Er schenkte ihr einen tiefen, ernsten Blick. Sie wandte sich zur Flurtür um. Von Bruce war nichts zu sehen. Erst jetzt bemerkte William, daß sie hinter ihrem Handtuch völlig nackt war. Überrascht glotzte er sie an. Ein flehender Blick von ihr. Er zuckte nur die Schultern. Da zeigte sie ihm ihren ausgestreckten Mittelfinger. Sollte er doch tun und denken, was er wollte.
Erstaunt sah er ihr nach, wie sie auf ihrem Handtuch zurück zur Wanne zuckelte.

Sie legte sich hinein und versuchte sich einen Augenblick in besonders lässigen Positionen, faßte sich mit der Hand in den Nacken und plazierte ihren Arm hinter sich auf den Wannenrand. Als sie die Tür hörte, hob sie ihr Bein, wie um es abzuseifen, und ließ den Schaum genüßlich die Wade herunterlaufen.
Das Unterhemd mit den Händen nach unten ziehend, um seine Boxershorts zu verdecken, erschien Bruce. Davida lachte.
»Das sieht ja ekelig aus. Unterwäsche und schwarze Strümpfe. So etwas ist woanders ein Scheidungsgrund. Socken und Unterwäsche.«
Verlegen zog Bruce seine Socken aus, wobei er sich nach vorne beugte, damit das Unterhemd dabei nicht seine Shorts bloßlegte. Davida schaute sich interessiert seine Füße an.
»Ihre Zehenspitzen zeigen nach oben. Sind das die Nerven?«
»Ich bin etwas nervös, ja«, gab er zu.
»Versuchen Sie doch, sich nach vorn zu verlagern«, ulkte sie.
»Ich habe damit kein Problem.«
»Also dann ...«
»Okay!« Mit einer hastigen Bewegung zog er sein graues Unterhemd über den Kopf und ließ es ein paarmal um seinen Arm wirbeln. Jetzt wurden seine knallbunten Boxershorts sichtbar. Davida lehnte sich in der Wanne zurück. Er war

nicht schlecht gebaut. Seine Arme zeugten noch immer vom Training der Air Force, auch wenn seine Brust nicht mehr so gewölbt war wie wohl in den Zeiten, als er noch regelmäßig gedrillt wurde. Er war dünn, aber nicht dürr, sein Oberkörper war leicht behaart und von der Sonne gebräunt. Nach seinem Auftritt hatte sie mit Schlimmerem gerechnet.

Bruce war von seiner kleinen Nummer überzeugt. Er rieb sich voller gespieltem Tatendrang die Hände und stützte sich am Wannenrand ab, um mit einem entschlossenen Hüpfer in das Becken zu springen. Nun saßen sie sich gegenüber.

»Sind Sie immer so vertrauensselig?« fragte er.

»Ihnen vertraue ich, Bruce.«

»Sie kennen mich doch gar nicht. Vielleicht bin ich ein ganz Perverser. Ich könnte Sie unter Wasser drücken und Sie festhalten. Sie einfach festhalten, bis kleine Luftblasen aus Ihrem Mund steigen und den Schaum durchbohren. Sie kämpfen. Sie schnappen verzweifelt nach Luft. Vielleicht lasse ich Sie dann wieder los.«

Davida schüttelte ihren Kopf.

»Ich ertrinke nicht. Ich werde erschossen.«

»Ermordet?«

»Nein, nicht direkt. Ich bin in ein Schaufenster vertieft. Nur so ein kleiner Einkaufsbummel.

Ich will gerade weitergehen, als plötzlich ein Mann auf mich schießt. Und während er auf den Abzug drückt und die Kugel auf dem Weg ist, sich in mein Herz zu bohren, erkennt er, daß ich die Falsche bin. Und ich sehe, daß er es erkannt hat. Er hat einen Fehler gemacht. Ich werde aus Versehen ermordet, rein zufällig. Stellen Sie die Düsen an.«
Verschmitzt tat er es.
»Ich drehe mich jetzt um. Sie dürfen sich ruhig strecken. Ziehen Sie die Shorts aus.«
Langsam streifte er die Hose vom Po, wobei er ihren vor Nässe glänzenden Körper betrachtete. Der Anblick erregte ihn. Sie hatte sich ein wenig über den Rand gebeugt, so daß ihr voller Busen über dem Wasser schwebte, ein fester Busen, der ihn zum Träumen brachte. Sein Blick glitt an ihrem Körper herab über ihre Taille bis hin zu ihrem Hintern, dessen vollkommene Rundung sich wie eine Insel aus dem Schaum erhob. Mit einer lässigen Bewegung ließ er seine Hose auf den Fußboden platschen.
»Ich drehe mich jetzt wieder zu Ihnen«, sagte sie, jedes Wort betonend. Sie kam dicht an ihn heran. »Sehen Sie mir in die Augen. Bin ich gut – bin ich böse?«
»Ganz normal.«
Sie schüttelte überrascht den Kopf.

»Wie bitte?«
»Das ist witzig, nicht?« Er lachte. »Die meisten Menschen wollen eigentlich ganz normal sein, durchschnittlich. Aber niemand möchte so genannt werden. Sie unterhalten sich gern in der Wanne. Das machen viele unserer Kunden gern. Da verkaufe ich seit Jahren diese blöden Wannen, und kein einziges Mal bin ich mit jemandem drin gewesen.«
Er sah, wie das Wasser ihre Brust herunterrann.
»Ist der Streß raus?« fragte sie.
»Meine Zehen berühren Ihren Arsch«, sagte er leise.
»Und wie fühlt sich das an?«
»In meinen Zehen ist nicht soviel Gefühl. Nicht so wie in meinen Händen.«
»Sie dürfen Ihre Hände nehmen.«
Er richtete sich auf.
»Vielleicht nehme ich sie ein andermal.«
»Ich werde jetzt aufstehen. Ich möchte, daß sie mir die Massagedusche zeigen.« Langsam erhob sie sich vor ihm aus dem Wasser. Er folgte ihr mit seinem Blick, hilflos, atemlos, sah ihr entschlossenes Gesicht, sah, wie das Wasser an ihrem nackten braunen Körper herabrann, ihrem wunderschönen Körper, sah ihre nasse, krause Scham direkt vor seiner Nase, zum Greifen nah.

Vor der Eingangstür stand immer noch William. Die kostenlose Vorführung hatte ihn halb um den Verstand gebracht. Begierig linste er durch die Lamellen, um nichts von Davidas Auftritt zu versäumen.

Er konnte nicht glauben, was er da sah. Fassungslos wendete er sich ab. Doch was er jetzt entdeckte, verschlug ihm erst recht die Sprache. Hinter ihm auf der Straße parkte ein kleiner Personenwagen. Das Fenster an der Beifahrertür war hinuntergekurbelt, und eine Videokamera war auf die Ladentür gerichtet, vor der er stand.

»Hey, was soll das? Was soll das mit der Kamera, he? Ah, Sie drehen hier für eine Show, nicht? Okay, sollst du kriegen. Hier ist deine Show.« Er zeigte seinen runden Arsch, der sich unter seiner dünnen Leinenhose deutlich abzeichnete. Wütend wackelte er mit seinem Hinterteil hin und her. »Reicht das nicht? Willst du noch was? Ich zeig dir noch was. Aber dafür brauchst du einen Weitwinkel. Wenn du keinen dabei hast, kannst du es gleich vergessen.«

Die Fahrerin des Wagens schmunzelte und startete durch.

»Ach, du verpißt dich. Kriegst wohl Schiß!« rief er ihr nach. »Was hattest du dir denn gedacht? Wolltest du dir ein nettes Heimvideo drehen?«

Am nächsten Morgen kam die Fahrerin des Wagens mit einem dicken Umschlag in den Laden. Sie gab ihn der Frau am Verkaufstresen.
»Ich habe ein Päckchen für Mr. Lomann.«
»Ja, ich gebe es ihm. Vielen Dank.«
»Er müßte es sofort bekommen.«
»Eine Barzahlung?«
»Ja. So ungefähr.«
Sie brachte Bruce den Umschlag.
»Verzeihung, Mr. Lomann. Sie sagte, es sei sehr wichtig.«
Er sah sie irritiert an und blickte dann hinüber zum Tresen. Die junge Frau, die den Umschlag gebracht hatte, sah ihn lächelnd an und verschwand durch die Tür, während der beleibte Kunde, den Bruce gerade betreute, sich mit sichtlichem Genuß auf einem Toilettensitz niederließ, so als ob er wirklich ein Geschäft zu verrichten gedachte. Bruce nahm den Umschlag und ging neugierig zu seinem Schreibtisch. In der braunen Pappe befanden sich ein Brief und ein Video.
Er legte es in den Rekorder für die Demovideos, die ihm manche Firmen neuerdings zuschickten. Als er die ersten Bilder sah, mußte er wider Willen schmunzeln. Aufgenommen durch die geöffneten Rollos der Haupttür belegten sie unleugbar das gemeinsame Bad mit Davida.

Gespannt schaute er auf den Monitor. Alles war aufgezeichnet worden, bis zu jenem Augenblick, wo Davida sich vor ihm aufrichtete. Dann gab es noch ein paar verwackelte Sequenzen mit William, der vor der Ladentür stand und scheinbar alles beobachtet hatte. Bruce raufte sich die Haare und blickte sich verstohlen um.

Der Kassette war ein länglicher Umschlag mit einem Brief beigefügt. »Lieber Bruce. Ich möchte dieses Band lieber nicht herumzeigen, obwohl ich finde, daß es gut gemacht und wirklich schön ist. Da die Badewanne ein Ausstellungsstück ist und Sie sowieso neue Modelle hereinkriegen, könnten Sie diese doch für unsere neue Wohnung spenden. Danke. Davida Urked.«

Er grinste in sich hinein, wobei er aufpaßte, seine Gefühle nicht allzu deutlich zu zeigen.

Davidas und Jolenes Wohnung war hell und großräumig. Ein wenig verloren stand die voluminöse, frisch gelieferte Badewanne in dem ansonsten leeren Wohnzimmer vor dem Kamin. Im gemeinsamen Schlafzimmer, in dem ein alter Futon auf dem Lattenrost lag, übten die beiden ihren nächsten Auftritt.

»Okay, Geschäftsschluß«, gab Jolene ihre szenischen Anweisungen. Davida hielt die Kameralinse vor das Auge und versuchte, das Bild scharf zu bekommen. Affektiert spielte Jolene mit ihren blonden Haaren und tat, als unterhalte sie sich mit einem Verkäufer.

»Verzeihen Sie, ich weiß, daß es spät ist. Aber würden Sie nicht doch so nett sein und mir dieses Bett zeigen? Ich habe eine neue Wohnung, und ...«, sie drückte kurz mit den Fingerspitzen gegen den Futon, »... diese Matratze ist ein klein wenig zu hart. Wie ist es mit der da vorne?«

Sie lächelte gespielt hilflos.

»Aber ... ob Sie mir nicht noch eine andere zeigen können?«

Anhang

Drehbuchautoren

Die unersättliche Mrs. Kirsch – Ken Russell, Hetty Baynes

Berührungen – Paul Cox, Barry Dickens, Margot Wiburd

Die Himmelspforte – Mani Kaul

Vroom – Melvin Van Peebles

Der flämische Meister – Jonathan Brett, Susan Seidelman

Feucht – Bob Rafelson

Inhalt